푸드심리상담치료의
이해와 사례

푸드심리상담치료의 이해와 사례

발행일	2020년 8월 19일			
지은이	최선희			
펴낸이	손형국			
펴낸곳	(주)북랩			
편집인	선일영		편집	윤성아, 최승헌, 최예은, 이예지
디자인	이현수, 한수희, 김민하, 김윤주, 허지혜		제작	박기성, 황동현, 구성우, 권태련
마케팅	김회란, 박진관, 장은별			
출판등록	2004. 12. 1(제2012-000051호)			
주소	서울특별시 금천구 가산디지털 1로 168, 우림라이온스밸리 B동 B113~114호, C동 B101호			
홈페이지	www.book.co.kr			
전화번호	(02)2026-5777		팩스	(02)2026-5747
ISBN	979-11-6539-358-8 93180 (종이책)			979-11-6539-359-5 95180 (전자책)

이 도서의 국립중앙도서관 출판예정도서목록(CIP)은 서지정보유통지원시스템 홈페이지(http://seoji.nl.go.kr)와
국가자료공동목록시스템(http://www.nl.go.kr/kolisnet)에서 이용하실 수 있습니다.
(CIP제어번호: CIP2020033856)

(주)북랩 성공출판의 파트너

북랩 홈페이지와 패밀리 사이트에서 다양한 출판 솔루션을 만나 보세요!

홈페이지 book.co.kr • **블로그** blog.naver.com/essaybook • **출판문의** book@book.co.kr

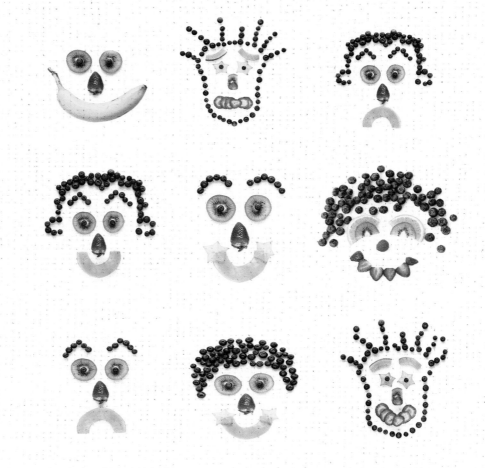

최선희 지음

푸드심리상담치료의
이해와 사례

북랩 book Lab

푸드심리상담치료란 푸드매체를 통한 표현으로 자신의 의식적, 무의식적인 마음의 통합과정을 통해 내면을 통찰하고 자신을 성장하게 돕는 표현심리치료의 한 장르로 매슬로(Maslow)의 5단계 욕구 중 제1단계 욕구인 생리적 욕구를 충족시켜 주는 효과를 지녔으며 보고, 만지고 냄새 맡고 먹으며 **자신의 느낌을 표현하는 활동**이다.

일상에서 늘 가까이 있는 친숙하게 대하는 음식 재료를 만지고 표현하고, 때로는 먹으며 심리적인 안정감을 찾아가고 오감을 자극하여 자신이 표현해 놓은 푸드 표현 작품을 통해 잊고 있던 자신의 마음을 인식하고 자신의 온전함을 찾고 스스로 행복감과 만족감을 찾게 되는 **예술치료의 한 장르**이다.

우리는 살아가면서 다양한 성향을 지닌 사람들과 어울려 살아가고 있고, 삶의 목표나 선택과 관련하여 다양한 생각과 행동을 한다.

사람을 만나고 의사소통하는 부분에 있어서도 그러한 다양성을 신나거나 흥미로워하는 사람도 있고 너무나 힘들어하는 사람도 있다.

삶에 있어 행복은 '이렇다'라고 말을 할 수는 있지만, 행복은 '이것이다'로 단정 짓기는 힘들다.

사람마다 행복을 위해 얽혀 있는 감정과 관계를 회복하려 시간과 노력을 소비하고 있지만 그러한 노력에도 관계 회복에 실패하는 경우가 매우 많다.

이는 오로지 자신이 쓰고 있는 각본대로 사고하고 행동하여 나쁜 결과를 초래하는 경우가 많기 때문이다.

이 책을 접하는 사람들은 아마도 상담, 심리, 교육 또는 또 다른 목적을 가지고 책을 읽고 있을 수 있다. 필자의 경우 많은 상담을 통해 행동치료와 현실치료 접근 방법으로 상담을 진행할 때 내담자와 소통이 조금은 편하고 매끄럽게 진행된다는 것을 알 수 있었다. 그들에게 조금이나마 도움이 되고자 푸드를 통한 심리상담인 푸드심리상담에 대해 이야기하고자 한다.

집필을 시작하면서 많은 목적과 생각, 감정들에 얽힌 부정적인 삶을 잘 정리하기 위해 노력하기도 하고 몰입하기도 하며 다양한 방법들을 사용해 보기도 하였다.

책을 쓰고자 하는 욕구에 사로잡히기보다 초심을 잃지 않고 조금이나마 자신이 잘하는 영역에 대해 쓰는 것이 쓰는 동안 포기하지 않고 글을 읽는 사람 또한 편해지는 방향이라는 생각을 하며 집필했다.

사람과 사람이 상담사와 내담자로 만나 상담을 하는 경우 똑같은 사례가 있을 수 없듯 푸드라는 매체 또한 내담자의 선택에 따라 표현하는 방법이 다양한 양상으로 나타난다.

여러 매체를 활용하여 상담을 진행해 본 경험으로는 내담자들이 푸드라는 매체에 대해 편하게 접근한다는 것을 알 수 있었다. 그 결과 푸드가 라포 형성에 중요한 역할을 하는 매체라는 것을 알 수 있었다.

상담을 받기 위해 상담사를 찾아오는 내담자는 이미 치유될 수 있는 사람이라고 말할 수 있다. 상담을 받기 위해 내담자 스스로 고민을 하고 어떤 상담사를 찾아가야 할지, 어떤 말을 해야 할지, 나의 문제가 무엇인지, 행복하게 살고 싶은데 왜 행복하지 않은지, 여러 생각들을 한 후 상담을 받기 위해 상담사 앞에 와 있는 것이기 때문이다. 상담사들에게는 그러한 내담자들이 큰 선물이라고 말할 수 있다.

상담을 받기 전 많은 갈등을 하는 내담자에게 푸드심리상담 기법의 푸드는 내담자를 편안한 상태로 머물 수 있게 하고 주 호소 문제를 노출할 수 있게 하며 직면할 수 있도록 안내하는 길인 것을 경험하였다.

본 저서는 상담 접근 사례들로 구성되어 있으며 다양한 내담자들이 호소하는 주요 문제의 해결 방법을 제시하고 있어 합리적인 선택을 할 수 있다는 것을 보여 주고 있다. 보통의 상담사들이 필자에게 상담이 잘되지 않을 때 여러 가지 피드백을 요구할 경우가 많은데, 그때 집필 사례들로 피드백을 하는 경우가 많다.

푸드심리상담의 강점은 내담자의 무의식 세계를 쉽게 직면할 수 있고 자기 효능감 또한 향상할 수 있어 내담자와 상담사 모두가 만족해하는 접근 방법이라는 점이다.

끝으로 사례를 공개할 수 있도록 허용해 주시고 믿고 상담해 주신 내담자들에게 진심으로 감사를 드린다.

2020년 8월

최선희

제1장

푸드심리상담의
개념과 활동

1. 푸드심리상담이란

1) 푸드심리상담의 개념

　모든 치료라는 개념에는 문제를 분석, 치유, 완화하기 위해 계획된 체계적 과정과 활동이라는 의미가 포함되어 있다.

　푸드심리상담은 푸드매체를 활용한 심리상담 치료 활동이다. 사람에게 꼭 필요하며 늘 가까이 있는 푸드(Food)라는 재료를 주요 매체로 사용하여 내담자의 오감을 자극하여 심리적 치료를 하는 것이다. 음식이 주는 즐거움과 심리적인 위로, 재미있는 놀이를 심리치료에 활용하여 함께 음식을 만들거나 표현하며 이야기를 나누는 것과 같은 과정을 통해 내담자의 안정과 온전한 자신을 볼 수 있는 심리치료 기법이다. 음식은 허기를 채워 주고 사람이 살아가는 동안에 필요한 영양분을 제공하며, 심리적으로 위안을 주는 등 다양한 기능을 지닌다. 그렇기에 음식을 활용한 심리치료는 그 효과가 극대화된다. 이는 푸드 재료를 먹음으로써 생리적 욕구를 충족시키는 효과와 만지고 냄새 맡고 표현하는 조형 활동을 통해 자신의 의식적·무의식적 마음의 통합과정을 거치게 하는 효과, 내면을 통찰하고 성장하게 돕는 효과가 결합된 결과다. 평소 사람들은 심리적 자원인 자신 안의 풍부한 가능성과 창의성을 자주 경험하지만 의식하지 못하고 지나가는 경우가 흔하다. 하지만 우리는 푸드심리상담을 통해 살아가는 동안 스스로 인식하지 못하였던 자신의 심적 상태를 알게 되는 것이다.

　일상생활 속에서 음식의 치료적인 측면은 자신도 모르는 사이에 수없이 경험되고 있다. 앞으로 살아가는 동안 음식을 먹으면서 그 치료적 경험을 하게 될 것은 확실하다.

　맛있는 음식을 먹으며 좋은 사람과 함께 이야기하고, 음식으로 고마움을 표현하며,

마음을 가라앉히고, 자신 안의 새로운 에너지를 푸드라는 매체에 표현함으로써 발상의 전환을 할 수 있다.

인위적으로 만든 색이 아니라 자연에서 나오는 완벽한 천연 색깔과 형태의 채소, 과일, 곡식 등의 자연의 색과 이미지를 통해 푸드는 이미 자연에서 주는 매체 자체로도 치유 효과를 발휘한다. 자연의 원재료인 채소와 과일, 곡식 등을 보는 것만으로도 우리의 오감이 자극되고 행복해질 수 있다. 이러한 푸드매체를 통한 마음 표현으로 자기 치유, 에너지 확장, 마음의 자율적인 향상성을 스스로 찾아내는 것이 가능해진다. 크게 의식하지 않아도 손이 움직이고 무언가가 채소류와 과일류, 고기류, 혼합류, 과자류, 차류, 면류 등을 통해 표현되고 그려진다. 그로 인해 자연스러운 오감의 반응이 일어나며 우리 안의 창의성이 발현되고 자아실현이 가능해지는 것이다.

푸드심리상담의 목적은 이렇게 푸드라는 매체를 통해 스스로 선택하고 표현함으로써 자기 치유를 수행하고 자신을 돌아보며 자연스러운 건강함과 온전함을 되찾는 데 있다.

하지만 푸드매체를 활용하여 표현된 작품은 영구적으로 보관되지는 않는 것이 큰 단점이다. 대부분 마음에 기록하거나, 사진 형태로 보관한다. 따라서, 푸드심리상담 중 푸드매체를 이용하여 내담자가 자신의 무의식을 표현한 후 작품 사진을 찍어 제목과 함께 관찰 시 내담자의 작품에 대한 재해석, 또는 재배열을 할 수 있다. 푸드매체 표현을 하는 동안 자기 안의 자기와 만나며 미처 보지 못했던 자기 안의 부정적인 감정을 알아차리고 자기 통찰을 통해 자아가 성장되며 새로운 마음의 능력을 찾게 되면서 스스로 치료가 된다.

우리는 평소 생활하면서 대부분 이러한 목적에 접하지 못하거나 음식 재료가 치유적으로 작용한다는 것을 인식하지 못하며 살아간다. 그러나 우리는 살아가는 동안 푸드라는 매체는 절대적으로 필요하다. 소중한 음식 재료로 마음을 표현하는 자신을 위한 시간이 푸드심리상담 활동시간이다.

회화, 조각 그리고 이 밖의 다른 형태의 미술 작품들이 의사소통 도구이자 각 시대의 정신과 문화, 역사를 반영하는 시대의 산물이라면, 푸드심리상담 작품은 현실을 읽어

내는 감각이다. '지금-여기'에서 순간의 마음을 기록하고 현재의 생각과 감정, 긍정적인 내담자의 꿈과 희망을 표현하는 장이 되는 것이다.

푸드심리상담 작품은 자연에서 얻은 재료를 통해 자연의 일부인 사람의 감정을 자연스럽게 표현하며, 과거의 아픔과 상처를 감싸 안고 그 순간의 깊이 있는 감정을 표현하여 알아차리게 해 준다. 이러한 의미에서 푸드심리상담은 자연치유적이며, 말하지 않고도 내적인 경험을 통해 자기통찰을 명확히 하는 방법이다. 푸드라는 매체는 언제 어디서나 표현이 가능한 매체이며, 음식을 먹으면서 매체를 보고 생각하고 재배열하는 것만으로도 심리적 안정감을 주는 것이라 말할 수 있다.

이와 같이 푸드심리상담은 푸드 재료를 통해 자연스럽게 표현되며 드러나는 작품을 통해서 내담자 자신을 알 수 있도록 도와주고, 전문적인 교육을 받지 않아도 단기간에 작품을 완성할 수 있어서 처음 접했을 때 부정적인 감정, 저항감, 방어 기제가 적다. 또한, 다른 여러 가지 기법의 상담보다 내담자들이 푸드매체를 통해 상담을 하는 동안 자기표현에 관한 성공 경험을 할 수 있어 표현과 치료에 대한 장점이 매우 많은 상담이다.

2. 푸드심리상담의 목적

예술치료란 내담자의 내적인 것, 즉 신체 내에 갇혀 있는 것을 표현하는 과정에서 형태를 이루고 그것을 변형시켜서 밖으로 꺼내도록 돕는 일이다. 즉, 정신 속에 억압되어 있던 여러 가지 오류와 편견 등을 표출하고 성찰하여 온전한 인격을 갖추게 하는 것, 미분화된 발달 단계를 보다 분화된 단계로 이끄는 것, 남을 이해할 수 있는 원만한 성격의 소유자가 되게 한다는 것을 예술치료의 개념에 포함시키고 있으며, 분석심리학자이자 미술치료사인 월러스(Wallace)는 개성화 과정을 통한 자기실현까지도 예술치료의 개념에 포함시키고 있다.

푸드심리상담도 마찬가지이다. 내담자가 갖고 있는 문제행동의 원인을 분석하고 완화하기 위해 체계적인 과정과 활동으로 심리적 치유를 해 나가는 것이라 생각한다.

푸드심리상담에서는 문제행동을 해결하는 것보다 그 발생 요인에 대한 치료나 지도가 더욱 중요하다. 이러한 치료를 가능하게 하는 상담사의 자세로 푸드심리상담이 가지는 다양한 차원의 치료성을 활용하기 위해서 요구되는 것은 치료자의 놀이와 창작에 대한 유연하고 열린 자세이다.

대상관계심리학자 도널드 위니컷(Donald Winnicutt)에 의하면 심리치료는 자신의 자원을 창조적으로 사용하도록 기회를 준다고 하였고, 놀이가 겹쳐지는 영역에서 가능하다고 한다. 치료적 놀이는 지지환경(Holding Environment)을 만드는 수단이 되는데, 이 지지환경 내에서 창조적 삶을 위한 능력이 생길 수 있다. 심리치료는 놀이가 가능하지 않은 상태에서 놀이할 수 있는 상태로 데려오는 것이며, 놀이를 통해서 내담자는 마음이 이완되어 창조적으로 변하고, 창조적으로 변해야만 내면의 세계가 자유롭게 외면으로 표출된다. 개인의 신체, 정서, 인지를 통합하여 복합 모형의 예술 과정들을 사용함으로써 표현예술과 심리치료를 통합한 것이다.[1] 따라서, 푸드심리상담 시 푸드매체를 활용한 놀이치료의 개념을 이해하여야 하며, 다른 치료 영역(미술치료, 음악치료, 드라마치료, 모래치료 등)과의 통합적인 접근을 통해 푸드심리상담의 효과를 더욱 높일 수 있다.

여기에서 푸드심리상담에서 사용하는 푸드매체 및 푸드활동작업은 심리치료에 필수적인 놀이표출과 창조성을 창출하는 도구가 된다고 할 수 있다. 특히 푸드심리상담의 강점은 내담자와의 라포 형성이 다른 매체보다 쉽고 흥미와 동기유발, 동기부여가 다른 매체에 비해 용이하다는 것이다.

1) 푸드심리상담에서 의미하는 작품

푸드심리상담에서 의미하는 작품은 내담자가 표현하는 말, 무의식, 행동 등 상담을 받고자 하는 내담자의 표현하는 과정에 중점을 둔다. 따라서 상담 현장에서 사용되는 다양한 표현 방법은 고유하고 다원적인 인간 정신세계의 내용을 표현하는 방편의 의미를 가진다. 이러한 이유로 푸드심리상담에서 표현이란 내담자의 생각이나 느낌을 언어나 몸짓, 비언어적인 심상, 습관, 속마음에서 일어나는 것 등을 드러내어 구체화하는 과정이다.

푸드라는 매체를 통해 생각하고, 내담자가 내면적인 생각이나 마음을 표현할 수 있도록 자신이 매체를 선택하여 행동을 보임으로써 자신의 문제점을 인지하고 스스로 치유할 수 있도록 돕는 것이다.

인간의 행동에는 그 행동을 일으키는 어떤 동인(動因)이 있어야만 한다. 그것은 푸드 조형 활동에 있어서도 마찬가지이다. 내담자의 표현하고자 하는 작품을 보고 그 아름다움에 감동해서 그 감정을 캔버스(접시, 도마, 그릇 등) 위에 표현한다고 하는 것도 동인일 것이다. 내담자가 극히 행복하거나 비극적이고 극단적인 경험을 말로 표현할 때 푸

---

1   임용자, 「표현예술치료의 이론과 실제」, 문음사, 2004.

드를 활용하면 좋은 점은, 무엇보다도 방어적이거나 위협적인 감정을 느끼지 않고도 내담자가 하고자 하는 표현을 할 수 있다는 점이다.

언어적인 표현만을 사용할 때는 위장적인 자기 노출을 할 수 있다는 문제가 있지만, 푸드매체표현 방법을 활용하면 내담자의 순수한 마음을 알 수 있다. 문제는 예술적 효과를 높일 수 있는가가 아니다. 중요한 건 내담자가 그 주제에 대해서 얼마만큼의 정열을 쏟을 수 있었는가, 표현의 방법과 매체의 선택을 통해서 얼마만큼 자신의 내면세계를 표현할 수 있었는가 하는 것이다.

따라서 푸드심리상담에서는 매체 및 주제 표현 방법을 내담자 스스로가 선택하거나 주제를 변경할 수 있다.

2) 예술이 가지는 심리치료적인 의의

푸드매체를 통한 심리상담은 전문적인 예능 교육을 받지 않아도 단기간에 작품을 완성할 수 있어서 처음 접했을 때 저항감이 적고, 성공 경험을 제공할 수 있으며, 작품을 제작하고 해체하는 경험을 통하여 창의적인 욕구 충족과 긴장 이완을 가져와 문제를 가진 유아, 아동, 청소년, 성인, 노인에게도 자아성장과 자기효능감을 갖게 할 수 있다는 장점이 있다. 또한, 푸드작품에는 내담자의 창의성과 아이디어에 어울리는 이미지를 구현시키기 위한 구체적인 표현 방법들이 나온다. 따라서 내담자의 작품 표현에서 내면 아이를 만날 수 있다고 할 수 있다.

작품을 표현하기 전 우선 몇 가지 안이 나오면 그 가운데 무엇이 가장 좋은가 결정되어 푸드의 매체를 관찰하기 시작하고 탐색하는 단계가 이루어진다. 내담자는 자신이 생각하고 있는 이미지와 자신이 표현하고자 하는 푸드매체를 선택하여 접시나 종이(즉, 캔버스)에 자신의 손으로 표현을 한다. 이러한 과정에서 자신의 작품을 표현하기 위해 몰입을 하게 되고 스스로 알아차리기를 하거나 작품을 표현하는 과정에 있어 어느 부분에서 힘들어했는지 알 수 있다.

하지만 내담자가 스스로 알아차리기를 할 수 없을 시 상담사는 내담자의 행동적 관찰에서 부자연스럽거나 힘들어하는 행동을 알아차리고 이에 관련된 질문을 던져 내담자가 작업하는 동안의 심경을 피드백할 수 있다. 그렇기에 내담자의 행동은 놓치면 안 되는 부분이라고 필자는 강조하고 싶다.

상담사는 매체 선택에 있어 '지금-여기'에서 끌린 내담자의 매체 선택에 대한 탐색을 통해 내담자의 행동적 관찰을 한 번 더 할 수 있는 것이다.

푸드심리상담 표현을 하다 보면 내담자의 마음이 담기게 된다. 또 그 작품에 대해 이야기로 나누는 사이에 내담자의 말과 마음속에 그려진 이미지가 작품으로 표현되기에 푸드매체의 중요성을 강조할 수밖에 없다.

푸드심리상담에서 사용하는 이미지, 놀이감, 신체동작, 소리, 온도, 맛 등의 매체는 언어 이전의 경험인 신체감각 및 동작 차원(Sensory-motor Level)과 리듬, 색상, 문양 등의 상징적인 차원(Symbolic Level)의 상호소통을 가능하게 하는 매체로, 안전하며 먹을 수 있는 동시에 치료할 수 있다. 또한, 푸드심리상담 작품의 표현을 통해 불확실한 것이 명확해지는 경험을 할 수 있으며, 표현의 욕구가 충족되면서 심리적인 보상을 받게 된다.

음식 재료를 만지고 먹고 표현하면서 내담자는 편안함을 찾는다. 이와 동시에 자신의 무의식 또는 불편함을 방어기제 없이 표현하게 되는 심리적 경험을 통해 심미적인 투시력을 표출하게 되고 자기만족과 자아실현의 욕구가 충족되는 것이다.

푸드심리상담은 언어로는 표현해내지 못하는 불충분함에서 벗어나 표현이 자유롭고, 예술매체로써 인간 정신을 탐구하기 때문에 직설적인 언어적 위협감을 감소시킬 수가 있다.

푸드심리상담의 작품 활동이 가지는 이러한 특성 덕에 치료현장에서 심리적 저항 감소, 긍정적인 라포 형성, 호기심, 동기부여, 자기효능감 등의 장점이 나타난다. 즉, 푸드는 치료를 위한 좋은 매체이다.

영국의 철학자 토머스 그린(Thomas H. Green)의 말에 따르면 인생에 있어 궁극적인 목적은 자기가 본래 가지고 있는 능력이나 개성을 완전하게 이룰 수 있게 하는 것이라고 한다. 필자는 어울려 삶을 살아가는 대부분의 사람들의 삶에서 자기실현 또는 영혼의 구원에 이르게 하는 적절한 표현 도구가 푸드라는 매체라고 생각한다.

분석심리학에서 말하는 자기(Self)는 창조성의 근원이자 우리의 본래적인 모습으로서 인간의 무의식에는 이것을 실현하려는 무의식의 창조성이 있다고 한다. 이는 예술작품 활동의 도구가 될 수 있는데 푸드심리상담의 작품 활동 과정을 통해 우리는 자기 안의 무한한 가능성과 자신의 성장을 발견하는 훌륭한 기회를 경험하게 되며 이러한 경험을 통해 자기 치유 경험을 할 수 있다.

3) 푸드심리상담의 목적

푸드심리상담은 마음의 표현이다. 푸드심리상담은 푸드라는 매체를 통해 오감을 자극해서 감정을 불러일으키고 표현을 풍부하게 해 줌으로써 내담자가 반응하는 능력을 개선시켜 준다.

특히, 자기 자신에만 몰두해 있는 사람은 푸드라는 매체를 통해 자신을 드러낼 수 있으므로 내담자 간에 작품에 대하여 이야기하면서 보다 깊은 관계를 형성할 수 있고 스스로 내면을 통찰할 수 있다.

그러한 이미지에 의해 의식 수준으로 떠오른 어떤 생각이나 기억들을 이용해서 사회적인 현실과 심리적인 현실에 알맞게 적응할 수 있다. 내담자에게 작품에 대해서 의견을 꺼내놓는다는 것은 내적 자아를 발견했다는 증거이고 그로 인해 자기를 확인하게 된다는 것이다.

또한, 자발적인 행동으로 감정 표현을 할 수 있는 능력이 생기고, 자신의 가치나 장점 때문에 자기 자신을 인정할 수 있게 될 뿐만 아니라 자신의 약점이나 결점에도 불구하고 자신을 인정하고 수용할 수 있게 된다. 그리고 긍정적인 인간관을 갖게 된다.

인간이 살아가는 목적이 행복 추구이고, 상담을 통해 건강하고 균형 잡힌 삶을 살아가며 건강한 사람으로의 변화를 추구한다면 푸드 창작활동을 통해 인간형성을 이루게 함이 근본 목적이 되는 것이다.

내담자가 다양한 푸드 재료를 활용한 순수한 마음의 표현과 창작 경험을 통해 자신에 대한 새로운 인식과 발견의 장을 경험하도록 도우며, 자신의 내면에 대한 이해와 재발견의 기회를 통한 다양한 문제 해결의 열쇠를 발견하고 통합하는 능력을 배양할 수 있도록 경험시켜 주는 것이 중요하다.

(1) 창의성을 기른다

　창의성이란 새로운 생각이나 개념을 찾아내거나 기존에 있는 생각이나 개념들을 새롭게 조합해 내는 것과 연관된 정신적이고 사회적인 과정이며, 이는 사람만이 가지고 있는 능력이다.

　이는 곧 새로운 관계를 보는 능력, 비범한 아이디어를 산출하는 능력, 그리고 전통적인 사고 패턴에서의 일탈을 의미하며 창의성을 통해 의식적이거나 무의식적인 통찰이 발휘된다. 푸드매체는 문법, 통사론, 논법 등의 언어규칙을 따를 필요가 없다. 즉, 본질적으로 공간적인 것이며, 시간적인 요소도 없다. 작품에서는 공간 속에서의 연관성만이 발생한다.

　푸드심리상담 표현을 시작하기 전에 개인의 신체적 에너지는 떨어져 있지만 그들은 작업을 진행하고, 토론하며, 감상하고, 먹고, 정리하는 시간에는 활기찬 모습을 보인다. 푸드심리상담은 하나의 작업이라기보다는 놀이이자 레크리에이션이며 음악과 열정이 있는 창조의 에너지를 발산하는 것이다.

　푸드심리상담은 음식 재료를 통한 표현능력을 기르는 일인 동시에 창의적인 표현능력을 기르는 일이다. 인간의 타고난 자기 표현력과 본래의 자기를 드러내고자 하는 개성적인 표현을 높여주며, 새로운 것을 스스로 생각할 줄 알고, 개인과 사회에 유용한 아이디어를 현실화시킬 수 있는 능력으로, 나아가 문제가 생기면 창의적 아이디어를 통해 문제를 해결하려 계획하고 조직하는 창의적 능력이 배양된다. 따라서 일상생활을 통해 너무도 친숙한 소재인 푸드 재료를 만나며 자발적으로 활동에 참여하게 되며 자연스럽게 우러나는 마음 표현을 통해 새로운 아이디어가 생기면서 자신도 모르는 사이에 인간의 타고난 잠재력인 창의성을 향상시킬 수 있다.

(2) 예술적(미적) 감각을 기른다

아리스토텔레스에 따르면 '미는 자연의 모방, 혹은 재현'이라는 말이 있다. 푸드심리상담의 매체는 자연에서 출발하는 것으로 자연의 색과 형태, 향기, 맛 등 오감을 자극하는 근본적인 재료가 된다. 푸드매체를 통해 표현력과 감상력을 높이기 위해서는 이것을 지탱하는 조형감각을 높이는 것이 필요하다.

조형감각이란 조형에 관계되는 모든 감각을 말하는데 푸드심리상담의 매체인 푸드매체의 특성 중, 미각, 후각, 청각, 시각, 지각, 촉각, 운동 감각 등의 감각이 조형 활동에서의 경험과 자극에 의하여 길러지기 때문이다. 조형 활동을 통하여 통일과 조화의 아름다움을 느끼게 하고, 미적 질서를 체험하게 함으로써 미적 가치와 조형에 대한 감각을 느끼게 하고 창조에 대한 기쁨을 느끼게 되는 것이다. 따라서, 푸드매체인 자연의 소재, 자연의 색감을 통해 내담자가 표현하는 형상으로 감정이나 사상을 전달하고 예술적 감각을 기를 수 있다.

(3) 감성능력을 풍부하게 한다

감성능력이란 자신과 타인의 감정을 평가하고 표현할 줄 아는 능력, 자신과 타인의 감정을 효과적으로 조절할 줄 아는 능력, 그리고 자신의 삶을 계획하고 성취하기 위하여 정서를 활용할 줄 아는 능력을 말한다.

감성지능은 자신의 감정을 잘 다스리며 다른 사람의 감정을 이해하고 공감하여 조화를 이룰 수 있는 사회적 능력을 말한다. 이성적인 능력인 사고능력, 즉 기억력, 계산력, 추리력 등을 발휘하게 하거나 또는 그러한 능력을 억압하고 제한하기도 하는 능력이 감성적 능력이다.

인간에게는 신비한 메커니즘이 있어서 기억력이 아무리 출중하다 하여도 기억하겠다는 의식적인 의지와 감정 없이는 기억행위가 일어나지 않는다. 머리가 좋은 것과 실질적인 삶과 연관되는 의지와 감정은 서로 다른 능력인 것이다. 이렇게 다른 능력을 종합하고 조화시켜 발휘하게 하는 능력이 곧 감성지능이다.

감성지능은 자신의 감정과 충동을 절제하고 통제하며 타인의 감정에 대해 예민하게 느끼고 인내심을 지속시켜 근심으로 인해 생각할 수 있는 능력이 방해받지 않도록 정서를 통제할 수 있는 능력을 가리킨다. 푸드심리상담 중 푸드 표현활동은 감성 능력을 향상시켜 안정적인 정서교육에 많은 도움을 준다.

정서교육이란 인간의 희노애락의 감정을 순환시키는 교육이라 할 수 있다. 오늘날 사회구조 속에서 인간의 정서와 순수성은 메마르고 상실되어 간다. 상실되어 가는 인간성 회복을 위한 정서교육은 마음을 이완시키고 편안하게 자기를 돌아볼 수 있는 오감을 활용하는 창의적인 조형 활동을 통해 얻을 수 있다. 이러한 푸드심리상담 작품 활동을 통하여 평소에 무심히 넘기던 사물일지라도 세심한 관찰이나 자극으로 거기에 대한 관심을 가질 수 있도록 해주고 새로운 사실에 대한 호기심과 아름다움을 느끼게 함으로써 감성 능력을 풍부하게 할 수 있다.

(4) 독창성을 기른다

독창성은 모방이나 파생적인 것이 아니라 어떤 유기적인 원리에서 자발적으로 생기는 것이며, 자기 고유의 능력과 개성에 의해서 새로운 것을 만들어 내는 것으로 기존 지식의 통합이나 재구성이 아니라 새로운 반응을 도출하는 능력을 말한다.

또한, 독창성이란 개념이 없는 것을 새로이 발견하거나 창조해 내는 것보다는 존재하고 있지만 그 존재감이 결여된 대상에 존재감을 부여하는 것을 의미하며, 수많은 기존의 알고 있었던 지식과 경험의 산물이 자신의 표현방식을 거치고 나름대로 재창조되어 창출되도록 하는 성질이다. 즉, 이제까지의 방식과는 달리 해석하는 것, 탄력성 있는 사고의 재해석, 과거의 경험과 관점을 다시 해석해보는 것으로 푸드심리상담의 푸드매체는 지금까지 우리가 늘 먹고 가까이에 있는 친숙한 소재를 통해 재해석을 하는 방법이다. 푸드매체를 통해 우리는 이러한 독창성을 기를 수 있다. 이는 다른 사람과 다르게 표현하고 자신만을 돋보이고자 하는 인간 본성의 표현이며, 상상력과 풍부한 정서를 길러줌으로써 새로운 발견과 작품으로 전개될 수 있다.

(5) 잠재능력을 발견시킨다

푸드매체 표현 활동을 통하여 내담자의 잠재되어 있는 능력을 발견함은 무엇보다도 중요하다. 아이들은 놀이를 통해 인지능력, 사고력, 창의력 등 인간의 다양한 심리적 자원을 확장할 수 있듯 푸드매체 표현 놀이 속에서 인간 본연의 순수한 마음을 재발견하고, 급변하는 사회 속에 지친 심신을 이완시키며 재충전할 수 있는 기회를 발견하게 되면, 내담자의 발견하지 못한 잠재능력을 확장함으로써 새로운 지식과 능력을 받아들이는 데 강한 집중력이 향상된다.

뇌학자들의 연구에 의하면 뇌는 주로 지각적인 것보다 감각적인 경험을 더 민감하게 받아들이며, 새로운 경험을 통해 시냅스가 만들어지고 진화해 가며 숨어 있는 잠재력을 발휘한다고 한다. 푸드 표현활동을 통해 잠재되어 있는 무한능력을 발휘하며 자신의 새로운 모습과 만나는 기회를 제공받음으로써 잠재능력을 계발할 수 있다.

(6) 선택성과 재료의 지배능력을 기른다

인간은 오로지 자기 자신만을 통제할 수 있으며, 성숙한 삶과 건강한 관계는 각 개인이 스스로 자신에게 가장 좋은 선택을 하고, 그 선택에 책임을 질 수 있을 때 가능하다.[2]

푸드심리상담 활동에서도 내담자는 다양한 푸드 재료를 선택하고 표현하며 상황을 지배하는 능력을 계발할 수 있다. 곡물이나 국수류, 다양한 사탕과 과자류, 채소와 과일 등을 보면서 호기심을 느끼는 동시에 동기를 부여받으며 시각적 재료를 통해 먹고 싶고 만지고 싶고 표현해 보고 싶은 충동과 욕구를 느끼게 된다. 이러한 욕구의 활동을 통해 새로운 것을 표현하고자 하는 욕구가 표출되고 창의력이 신장되며 새로운 것을 조합하여 자신과 주변에 유용한 것으로 발전시켜 나갈 수 있다.

(7) 합리적·적극적 생활태도 함양

푸드심리상담의 목적은 내담자가 문제 상황에서 느낄 수 있는 적절하고 합리적인 정

2　윌리엄 글래서 저, 김인자·우애령 공역, 『선택이론』, 한국심리상담연구소, 1998.

서를 찾을 수 있도록 돕고, 습관처럼 자연스럽게 나오는 자기 언어와 대체기제를 체험적으로 탐색하도록 도와 스트레스 상황에서 이를 극복할 수 있도록 하는 것이다.

내담자가 푸드매체를 선택하거나 표현할 때 자신 내면의 가치를 근사하게 표현해 보려는 욕구를 드러내는데, 이는 사람의 타고난 욕구이다.

예술 발달의 역사를 살펴보아도 사람들은 수많은 실험과 경험을 통해 아름다움에 대한 의식을 발전시켜 왔다. 미의식과 푸드 조형심리 표현활동을 통하여 꾸미고 만들고 표현하는 조형능력을 생활 속에 연결시킴으로써 내담자가 진정으로 생각하는 바를 찾아 욕구를 만족시킬 수 있으며, 재료를 선택하고 지배하는 능력을 통해 마음의 힘을 기르고 자신감을 찾아가며 자기효능감을 향상시킬 수 있다. 작은 것 하나를 성취하고, 작은 성취습관이 지속된다면 이 성취감은 적극적인 마음의 힘으로 연결되고, 현실적응력을 높이며 합리적이고 적극적인 생활태도를 함양하는 데 도움이 될 수 있다.

4) 표현치료의 종류

푸드심리상담이란 내담자들이 호소하는 내용을 성실히 들어주는 것과 내담자가 푸드매체로 직접 표현하게 함으로써 내담자의 주 호소 문제를 파악하고 적당한 시기에 적절한 푸드매체 접근을 시도하여 증상이 제거 또는 경감되도록 유도해 주는 것이다.

다음의 표는 다른 표현치료와 푸드심리상담의 접근 방식과 매체의 특성, 욕구 충족, 특징과 단점, 주의점을 비교하였다.

〈심리상담의 종류와 치료적 접근 방법〉

구 분			푸드심리상담	미술심리치료	모래심리치료	음악심리치료
접근 방법			음식으로 접근	미술 재료로 접근	모래로 접근	음악으로 접근
치료			음식 재료를 매개체로 스스로 창의적인 작품을 만들고 의미를 부여한 후 음식을 보면서 서로 나누어 먹으며 자아를 찾아가는 자연치유적인 심리치료	미술매체를 통한 창조적 작업 과정, 미술작품에 대한 내담자의 반응을 통해 치유와 성숙을 이루는 과정	언어를 수단으로 하지 않고 보호된 장면에서의 상징적 체험	음악활동을 체계적으로 사용하여 사람의 신체와 정신기능을 향상시켜 개인의 삶의 질을 추구하고 보다 나은 행동의 변화를 유도
매체특성		매체	푸드매체(음식 재료 등)를 사용	미술 재료로 접근	모래를 매체로 사용	음악을 매체로 사용
		표현물질의 상태	액체, 고체, 기체 사용 가능	액체, 고체	고체	
		질감	자연적 질감(다양한 질감), 친숙함	다양한 질감	모래상자와 모래	
	오감	시각	다양한 자연 색	인공적인 색	한정된 색	
		미각	푸드의 다양한 맛과 식감			
		촉각 (온도)	다양한 촉각을 유발함 (온도 자극 가능)	다양한 촉각을 유발함(온도 자극 없음)	까끌까끌한 촉감	떨림
		후각	다양한 푸드의 특징적 향이 있음	미술용품 냄새	모래 냄새	
		청각	푸드 재료의 특징적 청각 자극	한정적인 청각 자극	한정적인 청각 자극	청각 자극
표현 방법			평면, 입체 가능, 액체, 고체	평면, 입체 가능	평면, 입체 가능	듣기, 연주하기
욕구 충족			1차 욕구부터 시작	3차 욕구에서 시작	3차 욕구에서 시작	3차 욕구에서 시작
특징			매체를 통한 오감자극과 창의성 중심의 치료, 생명체, 식용 가능.	창의성 중심 치료	창의성 중심 치료	소리 중심 치료
단점			연구보전성이 부족하여 사진으로 남김	일부 미술표현에 대한 강박을 가짐	제한된 장소 및 재료	공간적 제한
주의점			음식 알레르기	어린이의 경우 먹을 수 있으므로 취급 시 주의	어린이의 경우 먹을 수 있으므로 취급 시 주의	파손에 의한 상해

푸드심리상담과 미술심리치료, 모래치료, 음악치료의 욕구 충족을 살펴보면 푸드심리상담은 매슬로의 욕구 단계 중 1단계인 먹는 욕구로부터 시작되어 단계별 욕구를 충족하며 사람의 오감을 충분히 자극할 수 있다는 강점이 있다. 미술심리치료, 모래치료, 음악치료는 3차 욕구 충족부터 시작되고 오감 자극을 충분히 만족하기에는 부족한 면이 있다.

〈푸드심리상담의 개념〉

푸드심리상담의 개념은 음식의 매체를 활용하여 심리적 치유를 한다는 것이다. 여러 방법적 치유 매체들이 있지만 푸드심리상담의 매체는 늘 보고 만지고 먹는 아주 친숙한 것이며 내담자들이 매 순간 접하는 것이다. 푸드심리상담에서는 요리가 목적이 아니다. 이 과정에서 푸드는 내담자가 표현하는 매체이며 상담을 하는 동안은 내담자가 아주 편안한 상태에서 만지고 표현하고 먹을 수 있기에 내담자의 심리상태를 표현하는 데 아주 용이한 매체가 된다. 이로써 내담자는 편안한 상태로 이야기를 할 수 있다.

① 내담자가 자신의 문제에 대해 단지 말하는 데 그치는 것이 아니라 내담자가 행동적으로 직접 참여해야 한다는 점에서 능동적이다. 내담자는 치료 목적과 치료 방법을 결정하는 데 능동적으로 참여해야 하고 스스로 수행해 보도록 배울 수 있다는 것이다.

② 내담자의 문제에 영향을 끼치는 조건은 현재에 있다고 가정한다. 따라서 푸드심리상담 치료 절차나 방법은 문제행동에 영향을 주는 현재의 행동유지 조건을 수정하도록 돕는다.

③ 푸드심리상담은 내담자의 표현을 통하여 내담자의 발달적인 맥락의 이슈들을 효율적으로 평가할 수 있고, 미술 재료, 푸드 재료, 장난감, 모래, 음악 등 다양하고 분화된 발달 단계로 향하게 한다.

제2장

푸드심리상담의
매체 접근 방법

1. 별칭 짓기

1) 뻥튀기를 활용한 별칭 짓기

초기 상담을 진행할 때 대화를 먼저 시작하거나 보통 사전 검사를 실시하는데 각각의 주 호소 문제와 내담자에 따라 상담에 대한 방어기제를 많이 사용하는 것을 알 수 있다. 또한, 여러 검사지들 중 문항이 짧은 것도 있지만 몇백 개의 문항으로 내담자가 힘들어하는 모습을 흔히 볼 수 있다.

검사지에 대한 내담자들의 반응은 지문이 이해가 되지 않지만 체크를 하는 경우도 있고, 대충대충 체크를 하기도 하며, 상담 경험이 많아 자신이 문제가 없음을 보이기 위한 체크를 하는 등 다양한 모습을 보이기도 하지만 대체로 내담자들은 검사지를 힘들어하는 것이 사실이다. 특히, ADHD 아동이 검사지에 체크하는 것은 많은 인내를 요하며 효율성에 대한 의문을 가지게 한다.

일반적으로 처음 상담을 받는 내담자는 상담사의 인상, 상담센터의 환경, 상담에 대한 부정적인 선입견 및 고정관념(내가 상담을 받다니?) 등으로 많이 혼란스러워한다. 그리고 '나만 왜 이렇게 힘든 상황을 견뎌야 하는가' 등 부정적인 생각과 낯선 환경 및 사람에 대한 경계를 보이기도 한다. 또한 초기 상담 때는 자신의 증상을 표출하지 않기 위해 노력을 하기도 한다.

별칭 짓기에 사용되는 뻥튀기의 특징은 과자 종류이며 동그란 형태를 가지고 있다는 것이다. 표면이 울퉁불퉁하고 약간 거칠다. 주성분으로 밀가루 또는 옥수수나 밀쌀, 감자 등이 사용되어 있으며 높은 온도와 압력으로 부풀려서 만들어져 있다.

먼저 뻥튀기의 특징을 내담자가 탐색하도록 한 후 별칭 짓기를 한다.

별칭 짓기는 서로 친밀한 관계를 만들기 위한 과정이라고 말할 수 있다.

별칭을 나눌 때 어린 시절 또는 과거 자신이 불리던 별명으로 어떤 스트레스가 있었는지 무슨 말에 예민한지 미리 탐색할 수 있기도 하다. 별칭으로 히스토리를 자연스럽게 이야기를 하는 경우가 많으며 자기가 싫어하는 별명일 때 자신을 놀렸던 사람에게 무슨 말을 하고 싶은지 나누기를 하면서 내담자들이 카타르시스를 느끼는 것을 본 경험이 많다.

뻥튀기 매체로 별칭 짓기는 내담자의 욕구가 무엇인지에 대해 내담자와 상담사가 서로 탐색하는 과정이라고 말할 수 있다. 뻥튀기 매체를 이용한 별칭 짓기를 진행하면서 내담자의 방어기제가 서서히 줄어든다는 것은 알게 될 것이다. 내담자가 주위를 살피거나 눈치를 보는 경우가 있다면 상담사가 편안한 상태로 안내를 하면 된다. 또한, 내담자가 짓는 별칭을 상담사가 경청과 공감, 긍정적인 지지, 존중하는 자세로 피드백해 준다면 상담을 진행하는 동안 내담자가 편안하게 자신의 주 호소 문제, 성장 과정, 역사적 배경, 욕구들을 쉽게 꺼내 놓을 수 있다.

〈아동심리 검사 유형〉

① K-WISC-IV(Korean Wechsler Intelligence Scale for Children-IV): 웩슬러의 지능검사

② 신경심리학적 검사

③ 학습능력평가

④ HTP 검사(집-나무-사람)

⑤ 주의력 검사

⑥ 투사 검사

⑦ 운동성가족 검사

⑧ 로르샤하(Rorschach) 검사

⑨ TCI(Temperament and Character Inventory): 기질 및 성격 검사

⑩ SCT(Sentence Completion Test): 문장 완성 검사

⑪ CAT(Comprehensive Attention Test): 종합주의력 검사

2) 뻥튀기를 활용한 별칭 짓기 진행 과정

준비물 뻥튀기(대, 소), 여러 가지 색지, 도마, 접시 등

① 뻥튀기의 형태와 재료에 대해 질문과 안내를 주고받는다.

② 뻥튀기에 대한 추억, 또는 히스토리에 대한 질문을 한다.

③ 자신이 불리고 싶은 이름, 별명, 별칭을 이미지화하도록 내담자에게 질문을 한다.

④ 두 손을 뻥튀기로 잡고 입으로 불리고 싶은 별칭을 표현하도록 한다.

⑤ 자신이 원하는 색지 또는 접시 위에 작품을 표현하도록 한다.

⑥ 작품의 제목(별칭)을 말하도록 한다.

⑦ 작품을 표현하는 동안 내담자의 느낌을 피드백한다.

내담자가 뻥튀기를 활용하는 별칭 짓기를 할 때 많이 사용하는 말들이 있다. '음식으로 장난하면 안 되는데', '먹는 것으로 이러면 복이 나가는데', '뭐 이런 것을 시키는지' 등 부정적인 말들이다. 필자의 경우 개인상담일 때는 이런 말들을 들어 본 적이 없지만 집단을 할 때는 종종 들었다. 개인상담일 때는 자신이 치유받고자 하는 내담자일 경우라 상담사를 믿고 상담사가 하는 말과 행동에 집중한다는 것을 알 수 있었다. 하지만 집단상담을 할 때는 대부분의 내담자들이 치유의 목적을 가지고 있지 않으며 강요나 의무 또는 어쩔 수 없는 상황에 상담을 하는 경우가 많아서 그런 것으로 보인다.

다문화, 청소년 복지관, 공무원 직무연수 등 집단상담을 할 때 인원수가 문제가 되기도 한다. 집단상담을 할 때 기관에서는 최대한 많은 인원을 참여시키려 하고 참여자 역시 자신들이 변화하고자 하는 목적과 절박함이 없이 참여할 때가 많아 부정적인 말들을 할 때가 많다.

하지만 부모교육, 가족상담, 위기의 가족, 집단 중 상담을 원하고자 하는 단체 등은 집단상담을 하더라도 말과 자세가 다르다. 인원이 많더라도 자신이 변화하고자 하는 의지와 교육을 받고자 하는 자세에 따라 받아들이는 것이 다르다.

필자는 집단상담 시 최소의 인원만 참여하는 것이 좋다고 보지만 현실은 그렇지 않다. 따라서 상담의 회기가 짧지 않고 최소 한 주에 2시간 10회 이상으로 상담을 진행하는 것이 좋다. 그래야 효과적인 집단상담이 될 수 있다.

3) 뻥튀기를 활용한 별칭 짓기 예시

다음 그림은 상담 중 내담자 작품과 푸드심리상담사 자격과정 워크숍 중 표현한 작품들이다. 내담자의 나이와 별칭을 예상해 보면 좋을 듯싶다.

(1) 유아

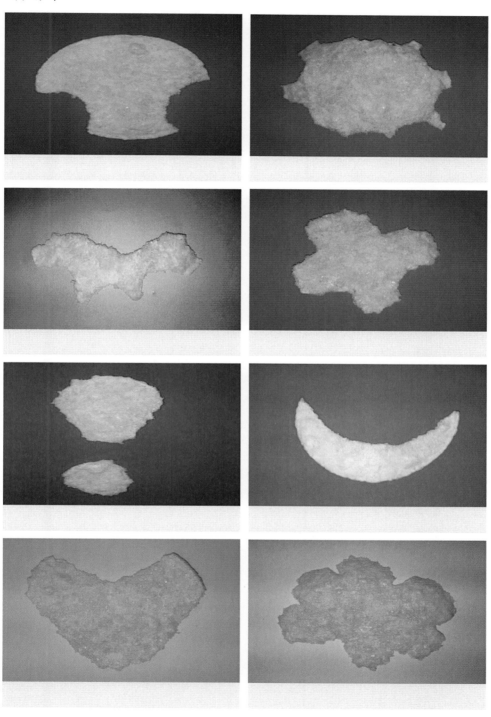

(2) 초등학생

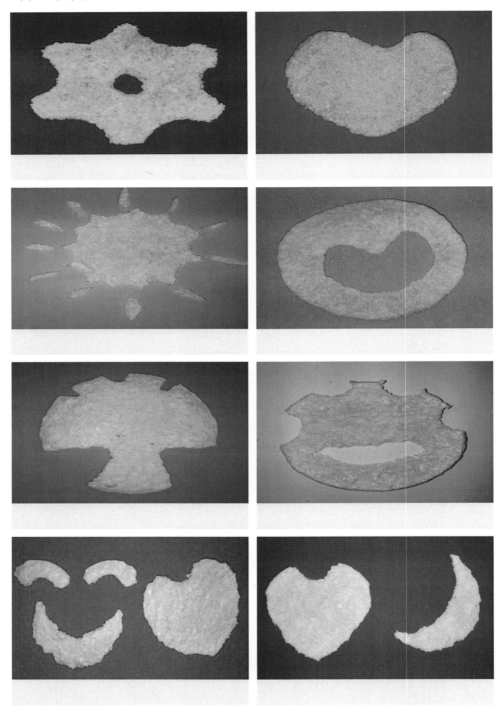

푸드심리상담치료의 이해와 사례

(3) 중학생

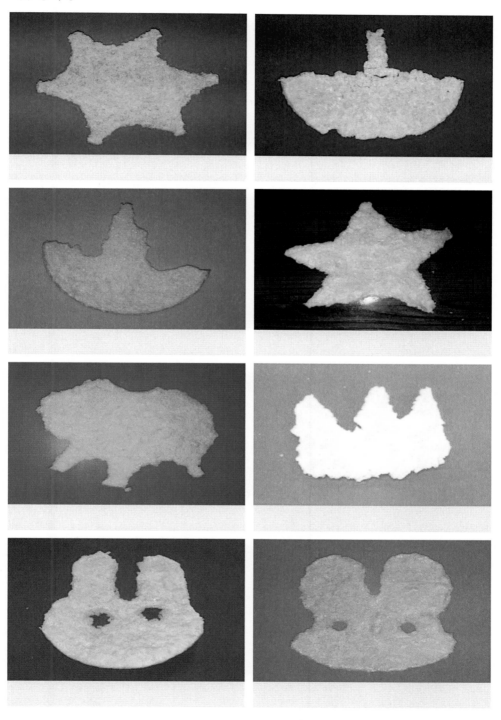

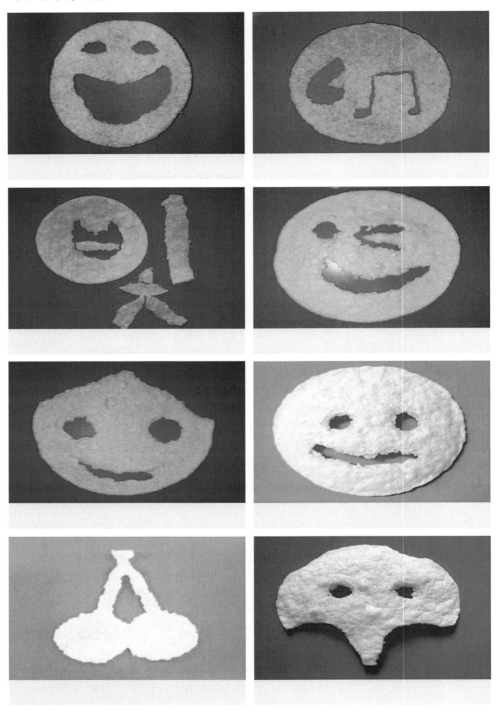

앞의 그림을 보여 준 상태에서 내담자의 나이와 별칭을 예상해 보라는 필자의 말은 상담사가 작품으로만 판단을 한다면 큰 오류를 범할 수 있다는 예를 보이기 위한 것임을 미리 인지하기 바란다.

물론, 상담사가 내담자의 작품으로 예상하고 분석적 입장에서 정확한 분석을 하였다고 이야기를 할 수도 있지만 상담사가 망각하면 안 되는 부분이 있다. 늘 상담을 받기 위해 오는 내담자는 상담사가 예상하지 못한 호소 문제와 주 호소 문제를 가지고 온다. 그리고 상담사는 내담자의 작품을 보고 피드백을 하면서 내담자가 방어기제를 뭘 사용하는지 어떤 비합리적인 사고를 하고 있는지를 탐색할 수 있어야 한다.

내담자들이 느끼는 감정들을 상담사는 충분한 공감, 경청하는 태도로 대해야 한다. 비합리적인 사고, 불편한 심정, 불안감, 분노, 억울함 등을 합리적이고 편안한 상태로 전환할 수 있을지 그 방법을 내담자와 함께 찾아가는 시간이 상담 시간이라고 말하고 싶다.

내담자들은 상담사가 모든 걸 해결할 거라는 기대를 가지고 올 때가 흔하다고 앞서 말한 바 있다. 상담사는 내담자의 호소 문제를 경청하는 사람이지만 결코 해결사는 아니다. 그리고 내담자들은 상담사가 자신이 갈등하는 문제를 결정해 주길 원하는 경우도 많다. 하지만, 내담자가 무언가를 선택할 때 상담사의 역할은 경청하고 여러 방법 등에 대한 안내를 하는 것과 지지하는 것이라는 것을 한 번 더 인지하기 바란다.

현대사회에 있어 사람들은 외로움을 많이 느끼고 스스로 해결하기보다는 의존하고자 하는 마음이 있어 상담실을 많이 찾는 것 또한 현실이다.

필자가 상담한 사례를 본다면 두 손으로 뻥튀기를 잡고 입으로 형태를 표현하도록 안내를 하였지만 손으로 형태를 만드는 내담자들이 있다. 이는 보통의 경우 내담자가 경청을 잘 하지 않는 습관이 있거나 성격이 급한 경우들이다.

1회 차 뻥튀기 별칭 짓기를 할 때 내담자들이 흔히 힘겨루기를 한다. 그때 "먹는 음식으로 장난을 하면 안 된다고 들었는데 음식으로 장난을 하는 건가요?" 또는, "뭐 이런 것을 시키죠?" 같은 이야기만 하거나 검사지를 요구하는 내담자들도 있지만 초기 상담때 내담자에게 푸드심리상담으로 접근을 한다고 미리 안내를 한다면 대부분의 내담자들은 수용을 하는 편이다. 왜냐면 상담을 받기 위해 온 내담자는 자신의 행동적, 사고적 변화를 원하기 때문에 상담실에 왔으며 상담실을 찾은 것 또한 큰 용기이고 변화하고자 하는 의지의 표현이기 때문이다.

　초기 상담을 시작할 때 상담사는 상담사의 윤리와 상담사의 역할을 내담자에게 안내하는 것이 앞으로의 상담에 더 효과적이라는 것을 강조하고 싶다. 내담자들이 상담을 받는 동안 '내가 이런 말까지 하면 상담사가 어떻게 볼까?', '처음 내 속마음을 나타냈을 때 소문이 나면 어떻게 하지?' 등 스스로 갈등을 하거나 불안해하는 경우가 있기 때문에 상담사의 윤리와 상담사의 역할을 미리 안내를 하면 내담자의 불안 요소들을 조금이나마 제거할 수 있다. 또한 상담을 진행할 때 내담자들이 상담사를 너무 많이 의지하고 믿는 경우가 있는데 상담 종결을 항상 염두에 두고 상담 중간마다 내담자 스스로 홀로서기를 할 수 있게 훈련을 시켜야 한다.

　하지만, 계속 내담자가 상담사를 찾는다면 상담사 스스로 상담을 잘했는지 다시 상담일지를 펼쳐 보고 객관적으로 바라보는 연습도 필요하다. 만약 스스로 판단하기 힘들다면 슈퍼바이저를 찾아 상담에 대한 피드백을 받는 것이 합리적이다. 이는 상담사 스스로도 성장할 수 있는 기회가 될 것이다.

2. 감정 표현하기

1) 뻥튀기를 활용한 현재의 나의 감정과 미래의 나의 감정

감정이란 어떤 일이나 현상, 사물에 대하여 느낀 심정이나 기분을 말한다.

상담을 받기 위해 온 내담자들뿐만 아니라 일반적인 사람들 중 '지금-여기'에서 느끼는 자신의 감정을 잘 탐색하는 사람은 흔하지 않다. 그로 인해 자신의 감정을 잘 인지하지 못하고 타인을 오해하거나 갈등을 일으키기도 한다.

상담에서 감정은 내면적 또는 주관적인 성격을 가지고 있기 때문에 자신이 하나의 사건을 어떻게 받아들이고 있는지, 즉 긍정적으로 받아들였는지 부정적으로 받아들였는지와 내담자가 무엇에 관심이 있는지를 아는 것이 매우 중요하다. 그렇다면 긍정적, 부정적인 감정에는 어떤 것이 있는지 다음의 표로 살펴보도록 하자.

기분 좋은(긍정적)	기분 나쁜(부정적)
기뻐하는	끓어오르는
신나는	짜증나는
활발한	분통 터지는
명랑한	짜증나는
희망찬	불쾌한
감사하는	화가 난
친절한	분노
행복한	속상해하는
기대되는	실망한
즐거운	괘씸한
고마운	약 오르는
경쾌한	기가 막힌
상냥한 기분	수치스러운
다정한	무시받은
좋은	뜨끔한

감정은 보다 효과적인 기억을 위해 탄생한 것이다. 만약 기억이 없다면 생명체는 특정 위험에 반복적으로 노출될 수 있다. 감정은 인간을 포함한 고등동물이 장기 기억을 형성할 때에 필요한 하나의 거름(Filter) 장치라는 것을 알 수 있다. 모든 경험을 기억할 수는 없기 때문에 생존에 도움이 되는 기억들을 걸러 내기 위해 감정이라는 도구를 만들고 이를 활성화하는 경험들만을 장기 기억으로 저장해 온 것이다.

흔히 감정을 두 가지로 분류한다면 긍정적인 감정과 부정적인 감정으로 나눈다.

사람은 긍정적인 감정과 부정적인 감정 중 한쪽을 스스로 선택한다. 물론 대부분의 사람들에게 긍정적인 감정을 가지고 싶어 하는 욕구는 있다. 하지만 습관적으로 부정적인 감정이 먼저 표현되고 스스로 이를 인지 못하여 늘 불평불만만 하는 사람들이 있다. 이에 대해 '어떤 일, 사건, 환경이 똑같이 주어진 상태에서도 사람마다 받아들이는 입장의 차이가 있어서 그렇다'라고 말할 수도 있지만 부정적인 감정을 많이 쓰는 사람들은 스스로가 그렇다고 인정하지 않는다. 우리가 상담을 할 때 긍정적인 말과 감정으로 대처하는 방법들을 지속적으로 안내를 하는 이유가 이것이다. 상담을 할 때 필자가 늘 느끼는 건 말의 힘이 있기 때문에 다음 페이지의 표와 같이 부정적인 말들보다는 긍정적인 말들을 많이 쓰는 것이 좋다는 것이다. 그래서 언어 선택과 관련된 지속적인 훈련을 시키기도 한다.

사람은 의사소통을 하면서 살아간다. 그 의사소통 방법으로 서로의 생각과 감정을 말, 행동, 글 등을 주고받으며 교류를 한다. 즉, 의사소통을 잘한다는 것은 자신이 전달하고자 하는 의미가 상대에게 잘 이해되고 받아들여지는 것이라고 말할 수 있다.

언어능력은 사람이 살아가면서 가장 필수적으로 가지고 있어야 하는 능력이다. 언어는 사람과 사람이 잘 소통하고 교류하기 위한 매체로 구어, 문어, 비언어적 요소들을 포함하고 있다. 여기에서 흥미로운 의사소통의 방법 중 비언어적 의사소통 방법이 있다.

비언어적 의사소통은 언어를 사용하지 않고 다른 사람에게 자신이 전달하고자 하는 정보가 전달되도록 하는 가장 기본적이고 원시적인 대화법이라고 말할 수 있다.

특히, 부모교육에 있어 매우 강조하는 부분인데 그 이유는 비언어적 의사소통은 인

기분 좋은 말(긍정적)	기분 나쁜 말(부정적)
즐거움	귀찮아
자유로운	답답한
흐뭇	서운한
안심된다	걱정되는
가슴벅차다	무기력한
황홀하다	울적한
매력적이다	창피한
따뜻하다	차갑다 / 냉소적이다
평화롭다	초조한
친근하다	니 마음대로 해 봐
후련하다	허탈한
감격스럽다	당황스러운
사랑스럽다	저리 가
귀엽다	염치가 없네
산뜻하다	무겁다
힘차다	의기소침한
든든하다	부끄러운 줄 알아라
희망, 소망, 꿈	막막한
아름답다	볼품없다
근사하다	문제가 많아
멋지다	실망스러운
유쾌하다	우울하다
상쾌, 통쾌	생각이 없네
설렘	난처하다
후련하다	찜찜하다

간관계를 이해할 수 있는 가장 기본이고 중요한 의사소통 방법이기 때문이다. 단어 선택보다는 몸과 얼굴 표정, 자세, 목소리, 의성어 등을 통한 사람과 사람들의 정보 교환이라고 말할 수 있다.

소통을 잘하기 위한 기본은 다섯 가지이다.

첫째, 잘 듣기(경청하기)이다. 경청은 상대방의 의도를 파악하고 대화를 이어나가기 위한 밑거름으로 자신과 소통하고 있다고 느끼게 하는 매우 현명한 방법이다.

둘째, '나' 전달 방법으로 말하기이다. 비난하거나 책임을 묻는 것이 아니라 소통을 하고자 하는 사람 스스로 문제를 해결할 수 있도록 도와주어 소통에 대한 이해와 공감대를 형성한다고 볼 수 있는 방법이다.

셋째, 긍정적으로 표현하는 방법이다. 서로의 장점을 찾아 칭찬해 주고 상대의 능력을 인정하는 방법이다. 이로 인해 소통하고자 하는 상대의 어려움에 대한 위로 또는 격려로 유대감을 형성할 수 있다.

넷째, 언어적·비언어적 의사소통을 잘 사용하는 것이다. 이때 가장 중요한 것은 언어적·비언어적 의사소통을 일치시키는 것이다. 포옹, 따뜻한 미소, 경청하는 행동 등의 우호적인 표현은 소통이 되고 있다는 확인이고 믿음을 돈독하게 해 주는 비언어적 의사소통 방법이다.

다섯째, 소통하는 사람의 개인적인 감정과 독립적인 사고를 존중해야 한다.

내담자가 상담을 왔을 때 대부분의 내담자는 부정적인 감정과 부정적인 언어를 사용하고 있지만 타인과 소통을 잘하길 원하고 있는 경우가 많다. 소통을 잘하기 위한 단어들이 있지만 소통을 단절하는 단어들을 선택할 때가 많다. 이때 상담사가 긍정적인 감정으로 긍정적인 의사소통을 한다면 상담의 효과는 극대화가 될 수 있다. 상담을 진행할 때 상담사는 특히 비언어적 의사소통을 많이 활용한다. 앞서 말한 다섯 가지만 잘 지킨다면 상담의 절반은 이루어진다고 볼 수 있다.

2) 현재의 나의 감정과 미래의 나의 감정 진행 과정

준비물 뻥튀기(대, 소), 여러 가지 색지, 다양한 색 시럽, 도마, 접시 등

① 뻥튀기의 형태와 시럽매체에 대한 설명을 한다.

② 뻥튀기에 대한 추억, 시럽매체에 대한 질문을 한다(경험, 또는 매체의 끌림에 대한 피드백).

③ 현재의 자신의 감정을 얼굴 표정으로 미래의 자신의 감정을 이미지화하도록 내담자에게 안내를 한다.

④ 여러 가지 색지 또는 접시를 내담자에게 선택하도록 안내하고 표현하도록 한다.

⑤ 내담자가 시럽을 활용하여 이미지화할 때 행동적 특징을 주의 깊게 살핀다.

⑥ 작품을 표현하는 동안 내담자의 느낌을 피드백한다.

⑦ 현재의 나의 감정 얼굴 이미지와 미래의 나의 감정 얼굴 표정에 대해 내담자가 느낀 점을 피드백한다.

뻥튀기를 활용한 현재의 나의 감정과 미래의 나의 감정을 표현하기 위해 여러 색의 시럽으로 접근을 한다.

이때 시럽의 특징은 흘러내린다는 것이다. 내담자가 원하는 방향으로 이미지를 드로잉하고 싶지만 표현이 쉽지 않을 수 있다. 푸드심리상담사가 꼭 익혀야 하는 것은 내담자가 이미지를 표현할 때 평가하지 말고 내담자의 행동적 관찰을 잘하여야 한다는 것이다. 물론 분석을 잘한다면 더 효과적이지만 분석은 오류를 범할 수 있다는 것 또한 인지하고 있어야 한다.

시럽의 특징을 미리 안내하는 방법도 있지만 필자의 경우 시럽의 특징을 미리 안내하지 않고 내담자가 색깔별 시럽의 맛이 무엇인지를 질문을 할 때 딸기, 초코, 망고, 멜론 등으로 안내를 한다. 그리고 내담자가 직접 맛을 보게 할 때도 있다. 맛을 느끼면서 이미지를 표현하는 것도 좋은 방법이다. 하지만 상담사가 너무 내담자를 배려하는 마음이 앞서 성급하게 말을 한다면 내담자들이 혼란스러울 수 있기 때문에 탄력성 있게 진

행하도록 한다.

　내담자들이 생각한 이미지를 드로잉할 때 '힘들다', '잘되지 않는다'라는 말들을 하는 경우가 많다. 필자의 경우는 '힘들 수 있다. 하지만 완성해보는 것도 나쁘지 않다'는 말을 한다. 끝까지 표현을 한 후 다시 하는 방법도 있으니 표현이 끝날 때까지 자신의 작품에 최선을 다하도록 지지를 해 준다.

　완성 후 내담자가 다시 이미지를 드로잉하고 싶어 하는 경우 다시 하도록 할 때도 있다. 하지만 시간이 많이 소요될 때는 시간에 대한 안내를 하고 표현을 종료할 때도 있다. 이런 경우는 시간에 대한 개념이 없을 경우와 행동이 많이 늦을 때, 산만할 때 표현을 중단시키는데 자신에게 불편함을 인지시키는 방법이라고 생각한다. 내담자 중 먹는데 너무 집중하는 사람이 있다면 충분히 먹게 하는 것 또한 나쁘지 않다고 본다. 시럽의 특징상 내담자가 무한으로 먹을 수 있다는 생각을 하지만 실제 먹어 보면 너무 달아 많이 먹지 못한다. 이때 상담사는 기다려 주면 되는 것이다. 물론 내담자의 특징에 따라 상황이 달라지는 경우도 있기 때문에 상담사가 주 호소 문제 또는 상담 계획에 따라 이끌어 나가길 바란다.

3) 뻥튀기를 활용한 현재의 나의 감정과 미래의 나의 감정 예시

　다음 그림은 상담 중 내담자 작품과 푸드심리상담사 자격과정 워크숍 중 표현한 작품들이다. 빈칸에 어떤 피드백이 있었는지 한 번 해 보면 좋을 듯싶다. 왼쪽, 오른쪽 변화를 찾아보면 푸드심리상담 작품 분석에 도움이 될 것이다.

(1) 유아

(2) 초등학생

(3) 중학생

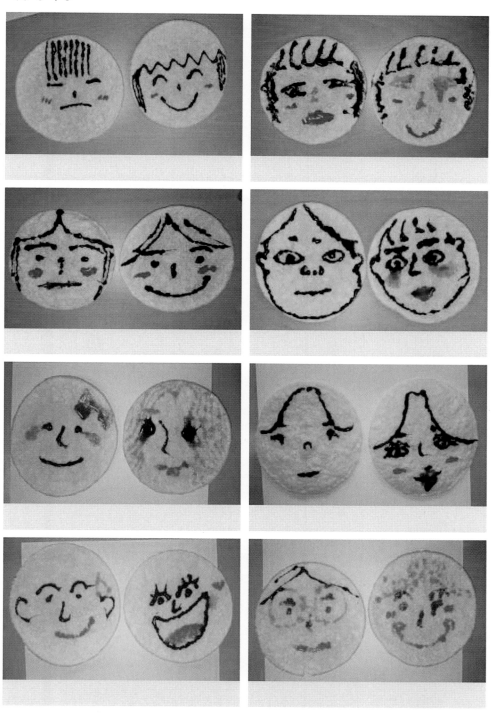

(5) 성인

필자가 상담을 해 보니 시럽으로 표현하는 것이 매우 힘들다고 말하는 내담자와 수강생들이 많았다. 처음 접근하는 매체인 시럽으로 자신이 느끼는 감정들을 표현하기가 쉽지 않았기 때문이다. 시럽은 끈적거림과 흘러내리는 특징이 있어 자신이 원하는 이미지를 잘 표현하기가 쉽지 않다. 하지만, 푸드심리상담에서 중요한 매체임을 한 번 더 강조하고 싶다. 자신이 원하는 대로 삶을 살아간다면 정말 행복할 수도 있지만 너무 재미없을 수 있다고 생각이 든다. 하지만 자신이 원하는 이미지를 구상하였지만 매체의 특징으로 흘러내리는 것과 힘 조절을 하지 못해 시럽이 많이 흘러내리는 경우가 흔하다. 필자의 경우 내담자가 "힘들어요", "표현이 마음대로 되지 않아 화가 나요"라고 말을 할 때 "살면서 내가 계획한 대로 잘되면 참 좋지만 그렇지 않을 때가 많죠. 하지만 내가 바라는 꿈, 내가 원하는 삶을 위해 연습을 하고 있는 과정이고 그 과정에서 다음에는 조금 더 발전하고 다음에는 더 잘할 수 있다는 희망으로 사람은 살아가는 것은 아닐까요?"라고 피드백을 한다. 그러면 대부분의 내담자는 수용을 한다. 그리고 표현한 자신의 작품을 피드백하면서 현재의 나의 감정과 미래의 나의 감정 표현한 후 미래의 나의 감정은 긍정적이거나 잘될 거라는 희망을 가져보는 시간이었다는 말을 하는 경우가 대다수였다. 그들은 시럽이 정말 우리의 삶과 같다고 하며 완성한 작품을 먹을 때 달달한 시럽이 자신을 치유하는 느낌이 든다는 피드백을 하였다. 잘하고 싶은 욕구 또는 매체에 욕심을 많이 부리는 사람들 경우 먹으면서 시럽을 너무 많이 사용한 후 각각의 시럽들이 한데 합쳐지게 되는 경우가 생겨 알아볼 수 없는 형태가 되고 먹으면서 달달한 시럽이 물린다는 말을 할 때도 있다. 너무 과하게 일을 하거나 기대를 하면 실망도 크다는 말을 하는 내담자들도 흔하다. 특히 아동과 청소년은 시럽매체를 많이 쓰는 경우가 있다. 이때는 상담사는 내담자를 지켜보는 입장에서 표현이 끝날 때까지 기다려주면 된다. 자신이 힘 조절을 잘하지 못하고 욕심이 많아 너무 달게 되어 먹지 못하는 경우 스스로 알아차리기를 하는 경우도 내담자 치유의 한 방법이다. 스스로 알아차리기를 하지 못할 때 상담사는 시럽이 많이 사용한 후 어떤 느낌이 들었는지 질문을 한다면 대부분 내담자들이 알아차리기를 한다. 내담자들이 한 번 더 표현하고 싶다고 말을 한다면 표현하도록 매체만 건네주면 된다.

아동들은 보통의 경우 힘 조절이 힘들다. 이때 푸드심리상담사는 시럽통을 조금은 부드러운 것으로 준비하는 편이 좋다. 그러면 아동들이 조금은 편하게 표현을 할 수 있기 때문이다. 그러한 상담사의 배려가 있기를 바란다. 특히, 남자 중학생 집단상담을 할 때는 매체를 넉넉하게 준비하는 것이 좋다. 개인상담을 할 때는 그렇지 않지만 집단상담을 할 때는 매체에 대한 욕심을 내는 경우가 있고 오전 상담일 경우 아침을 먹지 못하고 온 내담자들은 더 욕심을 내는 걸 많이 봤다. 한 명이 매체에 대한 욕심을 내면 군중심리로 더 많이 따라 하는 경우가 발생할 수 있기 때문에 넉넉하게 준비를 하는 편이 집단상담을 편안한 상태로 진행하는 데 좋다.

　노인의 경우 뻥튀기에 대한 추억이 너무 많아 할 이야기가 참 많으시다. 한참을 이야기한 후 표현을 하는 경우가 많으니 상담사는 열심히 경청하고 공감하는 모습을 보이는 게 효과적이라고 말할 수 있다.

3. 과일(귤, 오렌지)

1) 귤, 오렌지를 활용한 나의 부정적인 감정과 긍정적인 감정(이중감정)

인간은 감정의 동물이다. 여러 감정 중 상호 대립되거나 상호 모순되는 감정이 공존하는 상태를 양가감정이라고 한다. 흔히, 사이코패스(Psychopath)를 감정에 문제가 있다고 말하지만 정확하게 말하자면 성격장애인 것이다. 일반적으로 반사회성 성격장애라고 불리기도 한다. 이들은 자기감정에 미숙하고 감정을 억제하지 못한다. 자신의 감정과 고통에는 매우 예민하지만 타인에 대한 공감을 할 수 없기 때문에 누구와도 정서적 유대감을 맺지 못하는 것이 특징이다. 또한 범죄를 짓고도 자신의 잘못을 전혀 느끼지 못하고 거짓말과 속임수에도 능하고 충동적이며 자신의 행동을 잘 조절하지 못하는 특징이 있다. 그리고 소시오패스(Sociopath) 또한 반사회적 인격 장애로 나뉘는데 자신의 행동에 대한 인지는 하고 있지만 소시오패스는 자랄 때 환경적인 요인인 폭력 또는 학대, 충격 등으로 성장하면서 감정의 결여로 인해 나타난다.

보통의 경우 두 가지의 반대되는 가치, 목표, 동기 등이 공존할 때 이를 가리키는 정서적 양가는 조현증의 일반적 특징으로 나타나고 있다.

양가감정이란 논리적으로 서로 어긋나는 표상의 결합에서 오는 혼란스러운 감정이나 태도가 함께 존재하고 상반된 목표를 향해 동시에 감정과 이성적 충동이 일어나는 상태를 말한다.

정신의학자 블로일러(E. Bleuler)가 말하는 양가감정은 혐오, 상실감, 슬픔 등의 감정이 희망과 기쁨, 연민 등의 감정과 함께 섞여 있는 상태로서, 특정 사물이나 사람에 대해 두 가지 상반되는 유형의 감정, 행동, 의견 사이에서 동요하는 경향성으로 상반된 감정이나 태도가 동시에 존재하고, 두 가지 상반되는 목표를 향해 동시에 충동이 일어나는 상태를 말한다.

양가감정의 상반되는 태도는 한 가지 감정에 대한 태도가 표면화되는 경우 다른 태도는 억압된 상태로 존재하게 되어 불안감 혹은 죄책감을 일으키는 경향이 있다. 양가감정은 흔히 사랑과 미움이 얽혀 있는 경우에 나타나는데, 사랑과 미움의 갈등이 심하여 용납할 수 없는 미움을 억압하기 위해 의식적인 사랑이 지나치게 강조되거나 타인에 대한 감정적 태도를 빠르게 바꾸는 경향성이 나타난다.

칼 아브라함(K. Abraham)은 사랑과 미움이 공존한다는 점을 토대로 양가적, 전양가적, 후양가적 대상관계를 설명하였다.

아론 벡(Aaron Temkin Beck)은 개인의 자살의도의 정도를 연속선상의 한 점으로 고려하면서, 한쪽 극단은 절대적인 자살의도이고 다른 극단은 삶을 계속하려는 의도라고 보았다. 자살의도가 있는 내담자를 상담할 때 상담자는 내담자의 자살 결심을 내담자의 살고자 하는 소망과 죽고자 하는 소망 사이의 갈등 결과로 다루는 것이 효과적일 것이다.

앞서 많은 심리학자들 중 아브라함이 설명한 것으로 푸드심리상담에서 접근을 하고자 한다. 내담자들의 양가감정들이 어떻게 자신에게 작용하고 있는지 자신의 삶에 어떤 영향을 주고 있는지에 대한 관찰은 푸드심리상담 진행 시 중요한 부분이기도 하지만 내담자가 아닌 보통의 경우에도 중요한 부분이다.

상담을 받기 위해 온 내담자들의 경우 양가감정을 가지고 있어 생활이 불편하지만 스스로 양가감정으로 인해 혼란스럽거나 불편함 점들을 인지하지 못하고 그냥 힘들다고만 하며 무엇이 자신을 힘들게 하는지를 잘 모르겠다는 말들을 한다. 사람과 사람이 만남을 가질 때 서로 사랑하고 같이 있는 것만으로도 행복하면 아무런 문제가 발생하지 않고 시너지 효과로 더 행복해질 수 있다. 하지만 만났을 때 또는 만난 후 긍정적인 감정과 부정적인 감정들이 공존할 때 불편함을 느낀다. 매번 만나지만 헤어진 후 불쾌감이 생겨 다시는 만나지 않아야 하지만 또다시 만나는 관계에서는 불쾌감이 남지만 어쩔 수 없이 반복적인 만남을 하고 있을 때도 있고 만나는 즉시 불편함이 올라올 때도 있을 것이다. 이때 어떤 상황과 어떤 말 때문에 부정적이거나 긍정적인 감정이 생기는지 인지하고 있어야 한다. 푸드심리상담에서는 이러한 감정 표현을 위해 귤 또는 오렌지를 활용한다. 이 과일들은 껍질에 감정을 표현하게 할 수 있어서 양가감정 접근에 용이하다. 표현된 감정이 요동을 친다면 양가감정으로 스트레스를 많이 받는다고 말할 수 있다. 따라서, 귤이나 오렌지에 표현된 형태와 색깔의 특징들을 살펴보면서 상담한다면 효과적으로 진행할 수 있다.

2) 귤을 활용한 나의 부정적인 감정과 긍정적인 감정 표현 과정

준비물 귤 또는 오렌지, 네임펜, 매직, 색지 등

① 부정적인 감정과 긍정적인 감정에 대한 안내를 한다.
② 양가감정에 대한 안내를 한다.
③ 사람의 긍정적인 감정과 부정적인 감정들이 얼굴 표정으로 표현되는 것을 안내한다.
④ 내담자가 귤 한 개에 자신의 긍정적인 감정과 부정적인 감정을 표현하도록 한다.
⑤ 양가감정이 잘 일어나는 사람을 또 다른 한 개의 귤을 활용하여 이미지화할 때 행동적 특징을 잘 살핀다.
⑥ 작품을 표현하는 동안 내담자의 느낌을 피드백한다.
⑦ 현재의 자신의 부정적인 감정 얼굴 이미지와 긍정적인 감정 얼굴 표정에 대한 내담자의 느끼는 점을 피드백한다.

내담자가 선택하는 네임펜, 매직의 색에 대한 관찰을 꼼꼼하게 하여야 한다. 양가감정이 생길 때 어떤 색을 선택하였는지에 대한 피드백을 하면 효과적이다. 귤의 껍질은 벗기기가 쉽지만 오렌지의 껍질은 부드럽지 않아 활용하기가 힘든데도 내담자들은 칼

이나 도구를 활용하기보다는 손으로 표현하는 방법을 더 선호한다. 껍질을 벗기기가 쉽지 않지만 껍질을 벗기는 행동은 상담사 입장에서는 중요한 정보가 될 뿐만 아니라 내담자 스스로 알아차리기에도 효과적이라고 볼 수 있다.

　푸드심리상담을 진행할 때 여러 명을 표현할 수 있기 때문에 귤 또는 오렌지를 넉넉하게 준비를 하는 것이 좋다. 계절 과일이라 겨울에 활용하면 가격 대비 스트레스를 풀기에 좋은 매체이다.

　필자의 경우 학교생활에 있어 친구 또는 선생님을 표현하도록 할 때도 있으며 겨울철이라면 가족상담, 집단상담을 할 때 많이 사용하는 매체이다.

3) 귤을 활용한 나의 부정적인 감정과 긍정적인 감정 표현하기 예시

　다음 그림은 상담 중 내담자 작품과 집단상담, 학습클리닉, 가족상담, 자격과정 워크숍 중 표현한 작품들이다. 빈칸에 상담사가 어떤 질문을 하면 좋을지 한번 적어보면 좋을 듯 싶다. 긍정적인 감정과 부정적인 감정 그리고 양가감정이 어떤 말과 환경에서 잘 생기며 어떤 변화가 생기면 좋을지 내담자가 정말 원하는 것이 무엇인지 찾아보면 푸드심리상담 작품 분석에 도움이 될 것이다.

(1) 유아

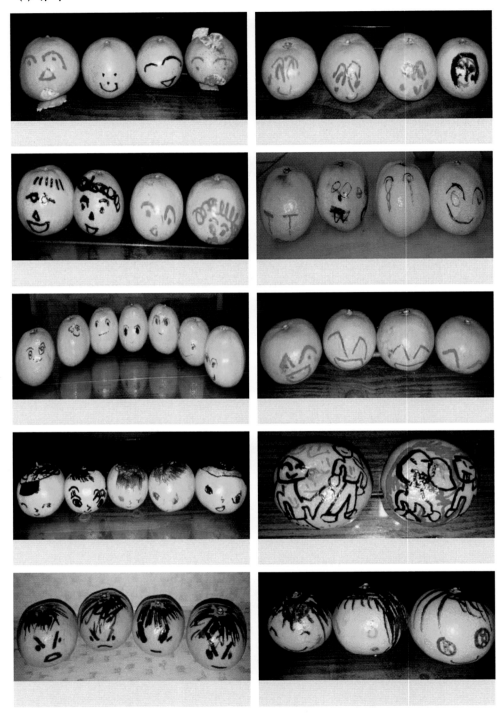

푸드심리상담치료의 이해와 사례

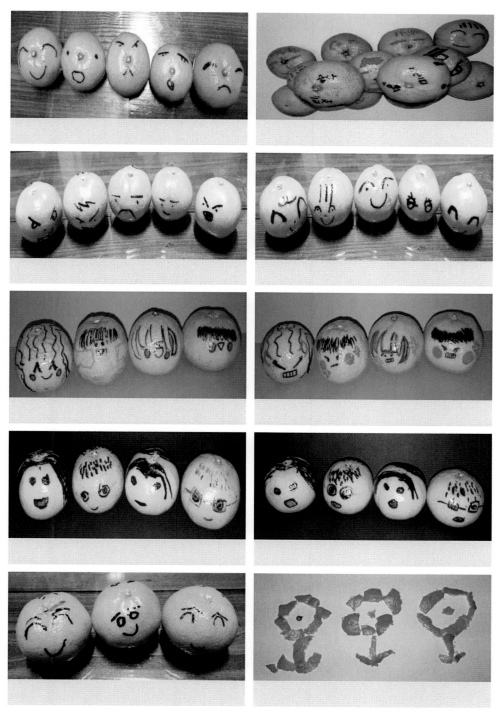

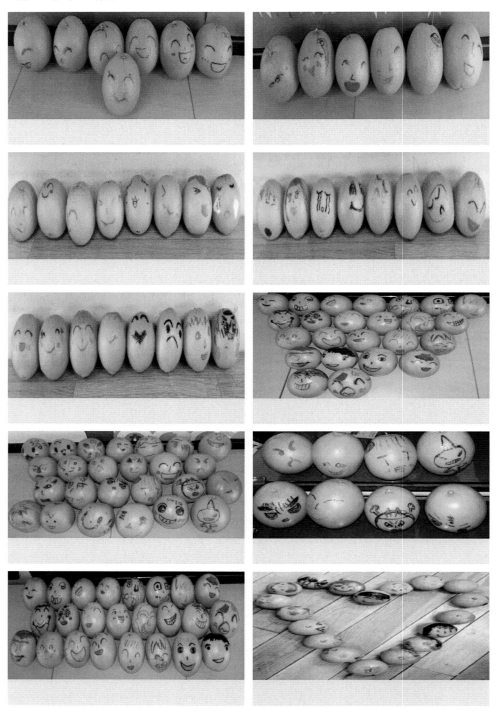

(4) 중학생

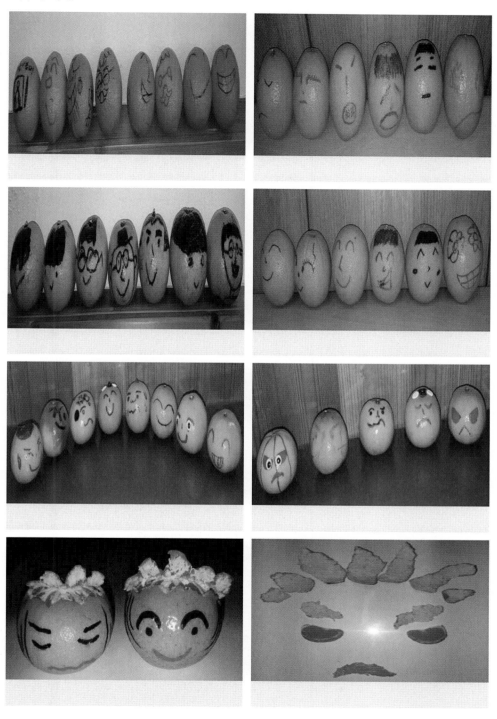

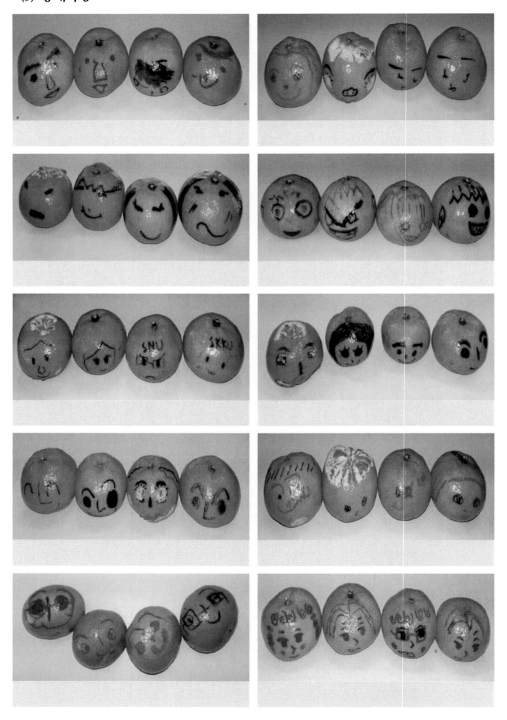

(6) 성인

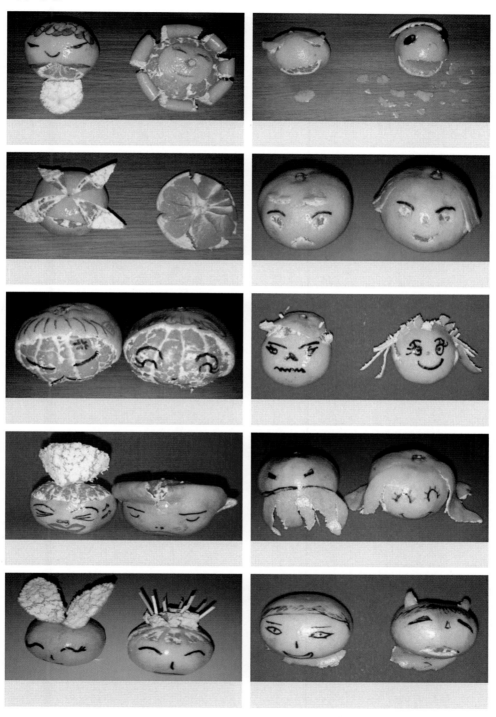

(7) 가족캠프

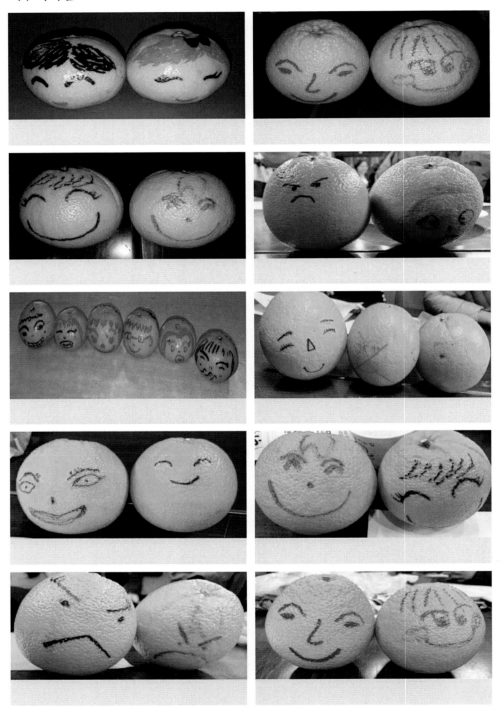

유아기부터 초등학생들은 부모님의 이중적인 모습들을 많이 표현한다. 자신에게 막 화를 내시다가 손님이 오시거나 전화가 오면 너무나 친절한 모습과 목소리로 변하는 부모님을 이해하기 힘들다는 이야기들을 한다. 손님이 오셔서 이야기를 할 때와 전화 통화를 할 때 부모님의 모습이 전혀 다르다는 것과 그때 나눈 이야기에 따라 부모님께서 자신에게 대하는 것이 다르다는 것이다. 좋은 이야기와 좋은 결과의 통화를 하였다면 자신들에게 덜 화를 내시거나 친절하시고 그 손님과 대화 또는 통화에 있어 화가 나시면 더 자신들에게 화를 내시고 있어 어떤 모습이 부모님의 모습인지 인지하기 힘들다는 말들을 한다. 이를 통해 부모님이 좋기도 하지만 갑자기 미워지기도 하는 양가감정들에 대한 이야기를 하는 경우가 많다.

그리고 아이들은 자신들이 긍정적인 감정과 부정적인 감정에 있어 게임을 할 때 자신의 모습과 부모님의 모습이 많이 닮아 있다고 한다. 게임이 잘되고 부모님께 혼나지 않을 때는 너무 행복하지만 계속 게임에서 실패를 하면 똑같은 게임이지만 더 화가 나서 게임시간이 더 길어진다는 이야기들이다.

여러 상담을 통해 유아부터 초등학생들 대부분은 부모님이 서로 싸우지 않는 것과 이중 메시지, 이중구속 메시지를 말하지 않길 바라고 있었다.

중학생들의 경우는 친구들과 선생님께 양가감정들이 많이 생기는데 친구의 감정에 따라 자신의 감정이 많이 움직인다는 것과 하루에 쉬지 않고 감정들이 요동을 치는 것을 상담을 통해 인지하는 모습을 많이 보였다. 특히 청소년들은 '가출을 할까, 집에서 살까?' 그리고 '자신의 생각이나 의견을 말할까, 말까?' 하는 양가감정들이 많다.

성인의 경우는 아주 오래된 친구들, 시댁, 남편, 아내, 자식에 대한 양가감정들이 많았는데 오래된 친구에게 하고 싶은 말이 있어 용기를 내어 자신의 솔직한 심정을 말을 하면 갈등이 생길 것 같다며 어떻게 말을 하면 좋을지 고민을 호소하는 경우가 많았다. 남편과 자식을 사랑하지만 미워하는 감정, 시댁에서 자신의 의견을 시원하게 말하고 싶지만 하지 못하는 감정들이 양가감정들로 많이 쌓이고 그 감정들을 해소하지 못하고 있었다.

우리는 늘 양가감정들로 갈등을 하고 있을 수 있다. 하지만 조금 더 깊이 솔직한 감정들을 본다면 자신에게 편안한 삶이 될 수 있다는 것을 알 수 있다. 단 자신의 의견이나 생각을 할 때 어떤 말과 언어 행동적인 모습을 보일지 고민을 하고 조금 더 합리적인 말과 행동이 필요하다.

필자는 청소년들에게 '가출을 할까, 하지 말까?'에 대한 피드백을 할 때 아주 심플하게 안내를 한다. 가출을 하면 좋은 점과 가출을 하면 불편한 점들을 A4지를 반으로 접어 나열하라고 한다. 청소년 모두가 그런 건 아니지만 내담자로 만나는 청소년들은 글자를 쓰는 것을 아주 싫어 하지만 하도록 설득한다. 가출에 대해 A4지 작업을 하면 결과적으로 가출을 하지 않는 것이 자신에게 더 좋다는 것이 한눈에 보인다는 것이다. 그 후 자신의 갈등들에 있어 어떤 선택을 할지 자율성에 맡기지만 다음 주 과제물로 던져준다. 초기 상담일 때 내담자가 양가감정을 인지한다는 것이 중요하다고 생각한다. 장애집단을 상담할 때 양가감정을 설명은 하지만 그보다 긍정적인 표정과 부정적인 표정을 표현하는 것이 더 효과적이라고 말하고 싶다. 물론 장애집단에서 경계선 또는 부모님의 양육에 있어 양가감정을 받아들이는 것이 다르다는 것 또한 상담사가 인지하여야 하는 중요한 부분이다.

4. 가루

1) 가루를 활용하여 자신의 무의식 탐색하기

난화란 '끍적거리기'의 의미를 가지고 있는 것으로, 그림의 미분화 상태나 유아가 그린 그림에서 볼 수 있는 착화의 상태를 일컫는 말이다. 이는 유아의 운동신경 조절에 대한 욕구의 표출이라는 점에서 초기의 난화 형식은 아무런 목적의식이 없는 놀이가 되는 동시에 그들의 정서나 희열을 나타내는 것으로 볼 수 있다.[3]

난화 기법의 상담은 아동이나 노인 내담자에게 적용하는 경우가 많으며 여러 가지 장점들이 있는데, 그 가운데서 몇 가지를 살펴보면 다음과 같다.

① 내담자(아동 포함)에게 치료 장면을 보다 친밀한 분위기로 만들어 주어 관계형성을 쉽게 할 수 있도록 도와준다.
② 내담자(아동 포함)를 속박하는 지적 통제를 이완시켜 창의성을 자극한다.
③ 내담자(아동 포함)가 만든 난화 그림 자료는 내담자 자신이 어떤 상태에 있는가를 시각적 자료를 통해서 알려 줄 수 있다. 이를 통해 부모나 내담자는 그러한 정보 자료를 치료자의 말보다 더 생생하게 받아들일 수 있다.

적용 영역은 인성구조, 자기방어기제(항문기), 차별 진단, 정신역동, 환경과의 관계, 남근기의 극복이다. 그러나 난화 기법은 예술가의 것만은 아니다. 그렇기 때문에 일상생

3　강위영·공마리아, 『주의력 결핍아동의 교육프로그램: 부모 및 특수교사 지도서』, 대구대학교출판부, 1998.

활에서 쉽게 활용해 볼 수 있다. 먼저 눈을 감거나 긴장을 완화하는 음악을 듣거나 명상을 통하여 긴장을 완화시킨다.

이처럼 긴장을 완화하면 무의식 도출이 쉬워진다. 그다음 용지에 그림을 그리기 위한 재료를 자유롭게 선택하여 자신이 즐겨 그리는 낙서를 그려 본다. 그리고 내담자가 표현한 작품에 대한 이야기를 해 본다. 이 과정은 자신의 마음이 어떠한지에 대한 분석 자료를 얻을 수 있다.

푸드심리상담에서 난화 기법에 가루 종류를 활용할 때가 많다.

가루의 특징은 ① 작은 알갱으로 이루어져 있음, ② 크기가 매우 작음, ③ 부드럽거나 거칠거칠한 촉감을 줌, ④ 일정한 모양을 가지고 있음, ⑤ 가루 전체의 모양은 담는 그릇에 따라 변하지만 알갱이 하나하나의 모양은 변하지 않음, ⑥ 손으로 만질 수 있으며 눈으로 볼 수 있음, ⑦ 고체, ⑧ 마르고 작은 입자물, ⑨ 다른 물질을 첨부하면 형태 변화가 많음 등이며 가루에는 많은 종류의 가루가 있지만 푸드심리상담에서 먹을 수 있는 가루를 주로 사용한다. 필요한 경우 내담자에 따라 다른 가루를 선택하길 바란다.

필자는 가루를 선택할 때 오감을 자극하는 가루 종류를 많이 활용하는 편이다.

가루로 표현할 때 시각적으로 선택할 수 있는 자유로움과 즐거움을 줄 수 있고 청각적으로 소리가 아주 작아서 집중하여 듣는 연습을 할 수 있다. 또한, 가루의 종류에 따라 특유의 향을 가지고 있어 향기치료 또한 가능하다. 맛을 바로 볼 수 있는 매체이지만 익히거나 물을 첨가해 먹으면 매체가 가진 특유의 맛으로 더 행복한 맛을 느낄 수도 있다. 가루가 작은 알갱이로 내담자가 그림에 대한 솜씨가 없더라도 표현을 하였을 때 미적으로 효능감이 향상된다.

내담자들은 가루를 만지면서 각 알갱이에서 느껴지는 촉감이 다르고 온도감도 다르다는 것을 알게 되고 그에 관해 호기심을 많이 가지게 되는데, 이는 가루의 아주 큰 장점이라고 말할 수 있다.

모든 내담자와 집단치료에 많이 사용되고 있지만 특히 아동, 자폐성 장애, 노인, 틱에 많은 효과를 볼 수 있다.

2) 가루를 활용하여 자신의 무의식 탐색하기 진행 과정

준비물　여러 종류의 가루(커피가루, 녹차가루, 콩가루, 밀가루, 녹말, 호박가루 등), 여러 가지 색지, 물풀, 물, 담을 수 있는 그릇

① 가루 종류의 형태와 특징 등을 안내한다.

② 가루매체를 내담자들이 직접 만지면서 느끼는 감정들을 명상하도록 한다(경험, 또는 매체의 끌림에 대한 피드백).

③ 현재의 자신의 감정들을 마음대로 표현하도록 안내한다(구체적 형태 없이 매체가 주는 느낌 그대로 자유롭게 표현하도록 안내한다).

④ 여러 가지 색지 또는 접시를 내담자에게 선택하도록 안내하고 표현하도록 한다.

⑤ 내담자가 가루를 활용하여 이미지화할 때 행동적 특징을 잘 살핀다.

⑥ 작품을 표현하는 동안 내담자의 느낌을 피드백한다.

⑦ 작품에 어떤 형태가 보이는지 어떤 모습이 보이는지 피드백한다.

⑧ 여러 가지 가루를 선택하여 자신이 평상시 긁적거리는 그림을 표현하도록 안내한다.

⑨ 작품을 완성 후 긁적거릴 때 그리는 그림과 지금의 작품과 차이점을 나누기 한다.

⑩ 작품과 내담자의 말과 행동의 차이점을 잘 관찰하고 피드백을 한다.

ADHD, 틱, 자폐스펙트럼장애를 가진 내담자가 아니라도 밀가루 작업을 할 때 내담자들은 너무나 행복해한다. 작품을 표현하기 위해 의도적으로 작은 캔버스를 사용할 때도 있지만 넓은 공간에서 자유롭게 행동적 반경이 아주 넓게 할 수 있도록 하는 방법 또한 상담에 있어 좋은 방법이라 안내하고 싶다.

밀가루 작업을 한 후 게임을 할 수도 있고 수제비나 칼국수를 요리할 수도 있지만 뒷정리를 내담자가 직접 하게 하는 방법 또한 좋은 교육이라고 생각한다. 상담사가 정리하는 시간이 많이 소요될까 봐 불안해서 미리 정리하거나 작업 도중에 계속 정리 정돈을 한다면, 내담자는 상담을 받는 시간 동안 아주 불편함을 느낄 뿐만 아니라 자신의

무의식을 탐색하기는 어려울 것이다. 다시 한 번 더 강조하고 싶다. 무의식 탐색이 되었다면 물풀을 활용하여 자신이 드로잉하고 싶은 작품을 표현하면 좋은데 물풀을 사용할 때 내담자의 성향들을 관찰하기 용이한 점 또한 인지하고 있어야 한다.

　가루 표현 시 내담자에 따라 다양한 행동들을 보이는데 성격이 아주 급한 내담자는 물풀을 짤 때 힘 조절을 하지 못하고 작품이 완성되었을 때 화를 내거나 짜증을 낸다. 그 후 다시 작업을 하고자 요청하는 경우가 있다. 시간이 허용된다면 피드백 후 다시 작업하는 부분을 수용하면 내담자가 거절되지 않은 느낌이 들어 더 좋았다는 표현도 종종 한다. 또 다른 내담자는 핀셋으로 작업을 하기도 한다. 알갱이 하나하나를 핀셋을 들고 작업을 하면서 카타르시스를 맛보기도 하는데 이때는 몰입을 하면서 효과가 극대화되는 것으로 보인다.

3) 가루를 활용하여 자신의 무의식 탐색하기 예시

　다음 그림은 상담 중 내담자 작품과 집단치료, 학습클리닉, 푸드심리상담사 자격과정 워크숍 중 표현한 작품들이다. 빈칸에 어떤 무의식을 탐색했을지 한번 써 보면 좋을 듯싶다. 난화 기법으로 표현한 작품 분석을 해 보며 내담자 스스로 또는 그룹으로 모여 서로 피드백하는 것 또한 도움이 될 것이다.

(1) 유아

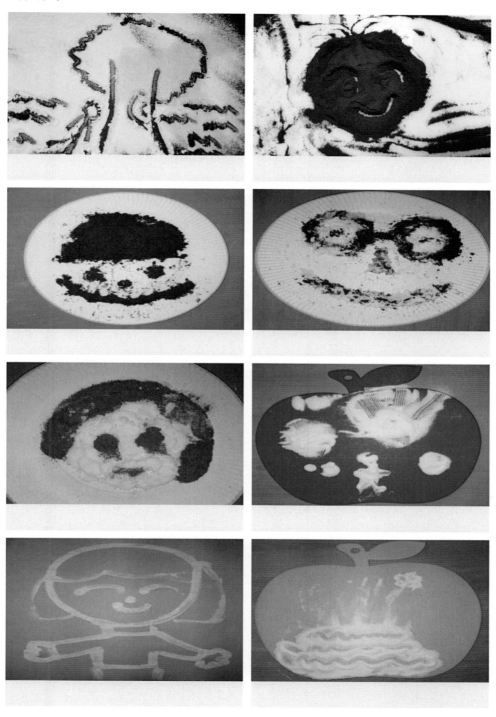

(2) 초등학교

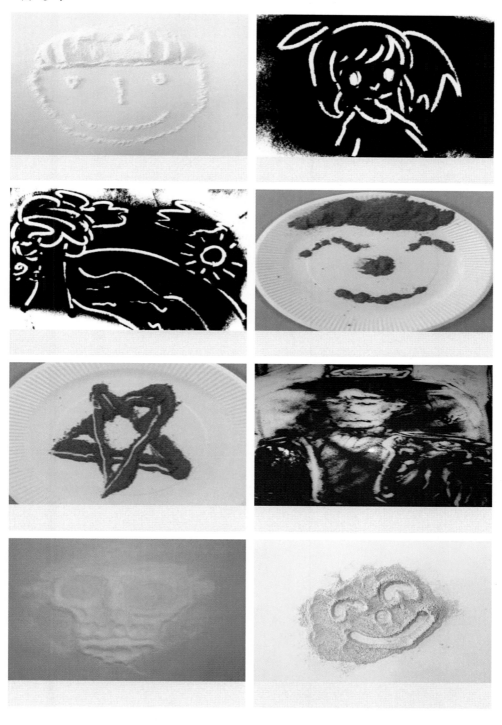

(4) 대학생

(5) 성인

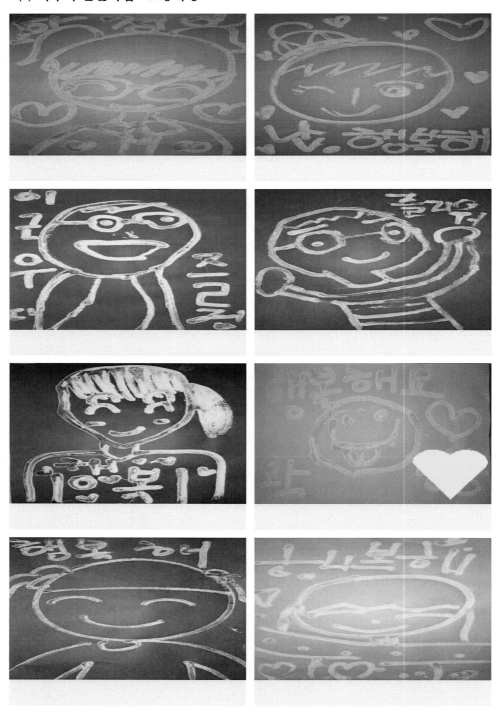

(7) 가루야 물풀작업 - 성인

필자가 상담한 사례를 본다면 유아기, 아동기에는 가루매체를 사용하여 자신의 무의식을 탐색하기보다는 매체를 가지고 논다는 개념이 더 크다. 한참을 가지고 놀다가 "선생님, 오늘 놀기만 해요" 하고 해맑게 웃어 보이기도 한다. 유아기 아동기를 상담할 때 필자는 한참을 잘 놀고 난 후 상담을 하면 더 효과가 있다고 생각을 한다. 난화 기법을 할 때 필자는 1.5~2배의 시간을 두고 상담을 진행한다. 유아기와 아동기에게는 난화 기법으로 접근하기 전 잘 놀아주는 것 또한 치료의 한 회기라고 생각하지만 부모의 입장이 있어 시간을 조금 더 배려하여 상담을 진행한다. 물론 부모님의 양육 태도에 따라 놀이가 금방 끝나고 상담으로 진행될 때도 있지만 필자가 만난 유아기, 아동기는 상담 시간을 너무나 행복한 시간으로 인지하는 것으로 보였다.

초등학생의 경우 난화 기법을 통해 스스로의 욕구를 많이 표현하는 것을 알 수 있었다. '휴대전화를 사고 싶다', '여행을 가고 싶다', '도마뱀을 사고 싶다', '앞길이 막막하다' 등 여러 가지 생각들을 가루 난화로 표현을 하였으며 특히 물풀 작업을 할 때는 자신을 속마음을 표현하였다. 가루야 난화 기법으로 접근한 후 물풀 작업을 하는데 너무 행복해진 자신의 모습을 표현하였으며 행복한 기분을 계속 유지하고자 하는 욕구 또한 많이 말하였다. 대부분 가루야 수업이 정말 재미있고 신기했다거나 다음에도 기회가 되면 또 하고 싶다고 했으며 다른 표현을 계속할 수 있는데 처음 해 봐서 여러 가지를 못해 아쉬움이 남는다고 했다.

중학생들의 경우 가루난화 기법으로 작업을 할 때 코코아를 활용하면 너무나 좋아한다. 중학생들의 특징인 귀차니즘의 정점을 발휘하는 시기라 다른 가루난화 기법보다 코코아 매체를 활용했을 때 효과적이라고 말할 수 있다. 물론 유아기, 아동기, 초등부까지도 코코아는 아주 좋아하는 매체이기도 하다. 작업 후 우유와 섞어 먹으면 더욱더 행복해한다.

성인의 경우 가루난화기법을 조금 힘들어하는 내담자를 볼 수 있는데 이들은 주 호소 문제가 강박일 경우가 많았으며 특히 청소에 대한 부담을 받고 있다는 것을 알 수 있었다. 그로 인해 손에 가루가 묻는 것을 아주 싫어해서 표현 중 손을 씻기 위해 여러 번 세면장으로 갔다 오는 것을 볼 수 있다. 그때 상담사는 기다려주면 더 효과적이라고 말할 수 있는데 모든 표현이 끝나고 피드백을 할 때 손을 몇 번 씻고 왔는지 상담사가 안내를 하면 내담자 또한 당황해하며 손에 땀이 나 끈적거림이 싫었다는 말들을 한다. 필자는 손을 계속 씻는 것을 스스로 인지를 못한 부분에 있어 한 주 동안 고민을 한 후 다음 회기에 나누기를 하자는 말을 한다.

물론 상담자가 내담자에게 직면을 할 때가 있다. 내담자가 직면을 받을 수 있는 힘이 생겼을 때 직면하면 더 효과적이다. 직면을 할 때 내담자의 행동적 관찰로 직면하면 효과가 있다고 필자는 생각한다. 가루난화는 수업회기를 1~4주 이상으로 하여 진행할 수 있다. 주 호소 문제가 내담자에 따라 다르기 때문에 가루난화기법을 많이 활용하여 상담사가 먼저 인지하고 있으면 더 효과적이라고 말할 수 있다. 앞서 말하였지만 가루는 틱, ADHD, 자폐스펙트럼장애의 경우 많은 효과를 기대하여도 좋다고 장담할 수 있는 매체이다.

가루난화 상담은 거부감이 없고 재미를 느낄 만한 매체인 것은 확실하다. 하지만 부모님의 양육 태도에 따라 가루를 만지는 것과 흩어지는 것을 힘들어하는 내담자들도 있다. 특히 부모님께서 상담을 지켜보다가 불안해하는 모습을 보면 더 불편해하는 경우가 있으므로 주의하길 바란다. 필자는 가루 작업을 할 때 미리 부모님께 다음 주 상담매체에 대한 안내를 하지만 상담 당일 잊어버리거나 이런 진행을 할 거라 생각을 못했다는 대답들을 몇 번 들은 기억이 있다. 그 후 조금 더 구체적으로 부모님께 안내를 하였으며 상담이 끝나고 부모 교육을 할 때 충분한 안내를 하였다. 부모님의 입장에서는 상담은 하지 않고 놀고 있는 것으로 인지할 수 있다. 그 시간에 상담을 진행하면 우리 아이가 더 빨리 좋아질 거라는 희망을 갖거나 욕심을 내는 부모님도 계셨지만 최근에는 여러 미디어를 통해 가루난화를 접하게 되어 불편해하는 부모님을 볼 수 없었다.

5. 건빵

1) 건빵을 활용하여 자신의 감정들을 히스토리

상담을 할 때 내담자의 역사적 배경을 무시할 수 없다. 상담사는 내담자 또는 내담자의 부모형제, 가족들에게 내담자에 대한 역사적 배경을 듣고 상담을 시작하기도 하지만 종종 오류를 범할 때가 있다. 내담자를 성장하도록 도울 수 있는 것이 상담이라면 내담자 스스로 자기이해, 자기수용, 자기개방을 하여야 한다. 그런 면에서 건빵을 활용하여 내담자의 역사적 감정들을 살펴보면 내담자에게서 무궁무진한 정보를 제공받을 수 있다는 강점이 있다.

이때 상담의 효과를 높이기 위해 상담사가 지켜야 할 것을 몇 가지 안내하고자 한다.

첫째, 푸드심리상담 매체를 미리 준비한 후 여유를 가져야 한다. 둘째, 내담자가 초조해하거나 힘들어하지 않도록 편안한 상태를 유지하도록 한다. 셋째, 내담자와 상담사는 동등한 입장이고 서로 존중하고 있다는 것을 상기해야 한다. 내담자의 감정들을 히스토리 한다는 것은 시간이 많이 소요되고 에너지도 많이 소비되는 상담 접근이라 시간적인 여유를 많이 가지는 것이 더 효과적이라고 말할 수 있다.

사람의 발달 단계는 출생부터 전개되는 성격의 발달이라고 이해될 수 있다. 에릭슨 발달이론에 따른 연령별 자아 발달을 말하자면 다음 표와 같고 인간의 발달에서 유아기 때 사랑과 부모의 관심은 성장하는 동안 성격발달의 중요한 구성이 된다. 하지만 에릭슨의 발달 단계가 고정된 것이 아니라 개개인에 따라 조금씩 다를 수 있다는 것 또한 상담사는 기본적으로 인지하고 있어야 한다.

1단계	신뢰 vs. 불신	출생~18개월
2단계	자율성 vs. 수치심/의심	18개월~3세
3단계	주도성 vs. 죄책감	3~5세
4단계	근면성 vs. 열등감	6~11세
5단계	정체성 vs.역할 혼동	11세~사춘기
6단계	친밀감 vs. 자아도취 또는 고립감	21~40세
7단계	생산성 vs. 침체성	40~65세
8단계	통합성 vs.절망감	65세 이상

2) 건빵을 활용하여 자신의 감정들을 히스토리 표현하기

준비물   건빵, 네임펜, 사인펜, 색우드락, 반짝이 풀, 글루건 등

① 건빵의 형태와 자신의 성장기 감정들이 어떻게 성장하고 있었는지 명상하도록 한다.

② 자신의 성장기에 어떤 감정들이 있었는지 피드백한다(내담자가 잘 이해하지 못할 때 상담사가 예제를 쉽게 설명하도록 한다).

③ 감정이미지가 표현이 힘들다면 교재의 감정그림을 참고해도 좋다고 설명한다.

④ 여러 가지 그릴 수 있는 도구 사인펜, 네임펜, 반짝이 풀 등으로 내담자에게 이미지화할 수 있도록 안내한다.

⑤ 내담자가 감정 표정들을 이미지화할 때 행동적 특징을 주의 깊게 살핀다.

⑥ 내담자의 히스토리를 정리하도록 한다.

⑦ 작품을 표현하는 동안 내담자의 느낌을 피드백한다.

⑧ 과거의 나의 감정 얼굴 이미지와 현재, 미래 나의 감정 얼굴 표정에 대한 내담자의 느끼는 점을 피드백한다.

내담자에 따라 자신의 역사적인 감정들을 잘 인지하지 못하거나 어떤 사건들과 추억이 있었는지 잘 인지 못하는 경우가 있다. 이때는 조심스럽게 내담자가 기억하고 싶지 않은 기억들이 있는지를 잘 탐색하여야 한다. 사람은 기억에 필터라는 기능을 가지고 있는데 이는 자신이 감당하기 힘든 부분은 기억을 사라지게 하는 기능이다. 상담을 할 때 내담자가 어느 시기에 대한 기억이 전혀 없다면 상담사는 그 부분을 체크한 후 내담자에게 접근해야 한다.

정말 내담자가 기억을 하고 싶은지 그렇지 않은지에 대한 것 또한 내담자에게 선택할 기회를 주어야 한다. 하지만 내담자가 전혀 인지를 못할 경우도 있기 때문에 상담사가 탄력성 있게 접근하길 바란다.

여기서 한 번 더 강조하자면 상담사가 결정하여 내담자의 기억들을 직면하려는 오류를 범하면 안 된다. 우리가 상담을 할 때 직면하는 방법이 효과적이라고 말들을 하지만 내담자가 준비되어 있지 않은 상태에서 직면을 한다면 서로에게 힘든 상황이 올 수 있다. 직면은 내담자가 준비되었을 때 하길 권한다.

자신의 꿈, 목표 설정을 정하고 건빵으로 그려진 자신의 감정들을 우드락에 표현하도록 하면 더 효과적이다. 반짝이 풀은 내담자가 듣고 싶은 말을 가족들이나 상담사가 직접 쓰기를 해 줌으로써 내담자가 듣고자 하는 말에 긍정적인 피드백으로 상담의 효과를 볼 수 있다.

특히 아동과 초등학생, 장애, 노인들이 반짝이 풀을 사용하는 것을 매우 좋아하는 것을 알 수 있을 것이다. 반짝이 풀을 준비할 때 아동, 노인, 장애인 등은 손에 힘이 부족하여 표현하기 힘들어할 수 있다는 것을 미리 인지하고 부드럽고 편하게 사용할 수 있도록 용기를 주는 센스가 있길 바란다.

3) 건빵을 활용하여 자신의 감정을 히스토리 표현한 예시

다음 그림은 상담 중 내담자 작품과 집단치료, 또래 상담, 푸드심리상담사 자격과정 워크숍 중 표현한 작품들이다. 빈칸에 어떤 피드백을 받고자 하는지 한번 체크해보면 좋을 듯싶다.

(1) 초등학생-집단치료, 1:1상담

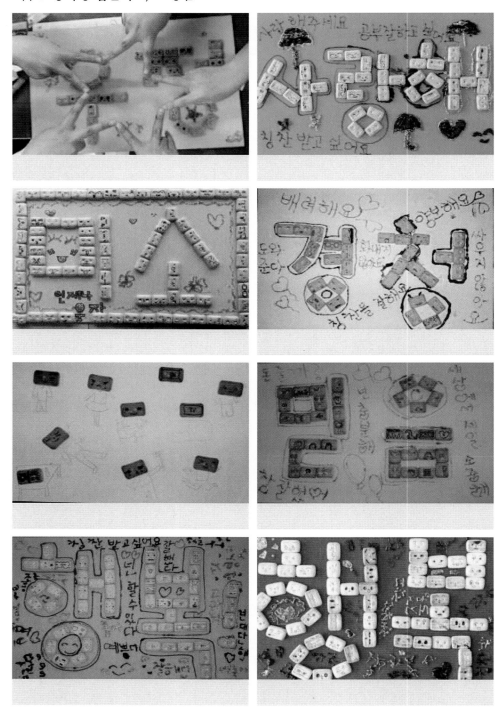

푸드심리상담치료의 이해와 사례

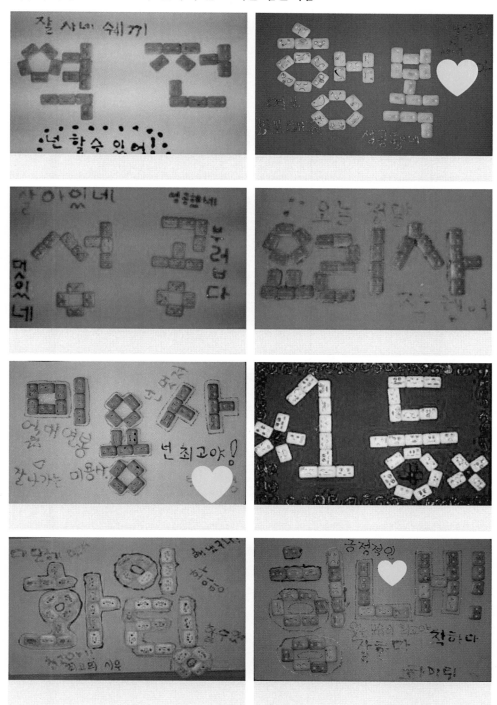

(4) 성인

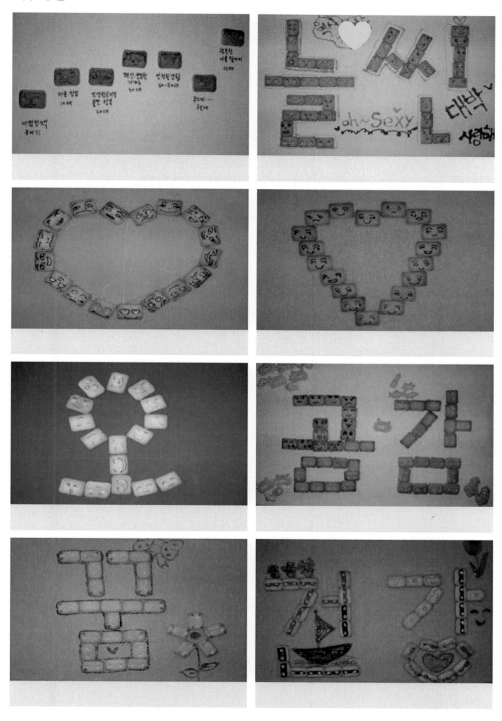

(5) 시니어

앞의 작품들을 보면 초등학생들은 타인이 자신에게 희망적인 응원과 잘될 거라는 믿음을 보여 주길 원하며 특히 담임 선생님에게 칭찬받고자 하는 욕구가 아주 강하다는 걸 알 수 있다.

건빵을 활용한 감정 표현하기는 학교폭력 예방 프로그램에 활용하기도 하는데 친구들과 모둠을 정하고 모둠별 주제와 표현을 서로 의논하여 작업함으로써 협동심이 발휘되고 있다는 것을 알 수 있다.

상담을 받는 남자 중학생들은 건빵을 활용하여 자신의 감정들을 히스토리 표현하기에 앞서 보통의 경우 꾸미기를 싫어하거나 먼저 "잘못하는데" 또는 "제가 초딩도 아니고"라는 말로 시작한다. 필자가 본 남자 중학생들은 끝까지 작업을 하거나 완성하는 것에 대해 자신 없어 하거나 '나는 잘 못 할 거야'라는 비관적인 사고를 많이 하였다. 하지만 감정들을 잘 표현한 것에 대한 행동적 칭찬을 한다면 그 완성도는 많이 높아진다. 중학생이 초등학생들과 다른 점은 자신의 노력보다는 부모가 잘 살아 자신도 잘 살고자 하는 바람이 있다는 것과 자신을 객관적으로 보는 시각이 조금씩 형성되고 있다는 것이다.

건빵으로 자신의 감정을 히스토리로 표현하기 작품은 완성 후가 중학생들이 변화하기 시작하는 시작점이라고 말할 수 있다. 왜냐면 완성된 작품을 보고 스스로 자기효능감이 생기기 시작한다는 것이다. 시간이 많이 소요되고 스스로 듣고 싶은 말을 표현함으로써 반짝이풀로 표현한 글에 대한 책임감이 조금씩 생겨 행동적인 변화를 보이는 경우가 많다.

필자의 입장에서는 내담자가 지각을 하더라도 제시간에 완성하도록 유도를 한다. 이는 자신의 목표와 꿈을 달성하기 위해서는 많은 시간과 노력이 필요하다는 것을 스스로 작품을 표현하면서 인지하라는 의도이다.

상담의 마무리 과정에서 푸드심리상담사가 꼭 기억해야 하는 것은 내담자가 만든 작품을 보고 어떤 느낌이 드는지 꼭 질문하고 피드백을 해야 한다는 것이다. 그 이유는 내담자의 표현된 작품을 통해 스스로를 잘 관찰하고 탐색할 수 있는 시간이기 때문이다. 집단상담 등으로 마치는 시간이 촉박하더라도 반드시 피드백은 하길 바란다.

보통의 경우 중학생 내담자들이 저번 회기 때 자신이 표현한 작품이 완성되었다고 만족한다는 말들을 하지만 미완성된 작품은 쉬는 시간 또는 다음 상담회기 전에 완성하려는 노력을 대부분 보인다. 필자의 경우 완성품을 상담실에 1~2주간 전시를 하는데 그때 조금씩 수정하는 모습을 보이기도 한다.

여자 중학생들은 대부분 꾸미기 또는 표현하는 것을 재미있어 한다. 남자 중학생들보다 능동적, 적극적인 모습을 보이고 자신의 히스토리를 남자 중학생보다 훨씬 많이 표현하는 경우가 흔하다.

특히, 친구와 싸운 것과 부모님의 부부싸움, 동생, 언니 등과 싸운 기억에서 자신은 잘못하지 않았다는 것을 많이 강조하고 합리화를 많이 하는 것을 종종 볼 수 있지만 그 사건에 대한 피드백을 하면 자신이 잘못하여 싸운다는 것을 인정하는 경우가 매우 흔하다. 그래서 한 주 더 건빵으로 표현을 할 기회가 있다면 학교 풍경화를 첨부하면 좋다. 자신을 괴롭히는 학생과 자신이 싫어하는 친구, 그리고 학교에서 내담자의 학교생활들을 알 수 있기 때문이다.

건빵을 활용하여 자신의 감정들을 히스토리 표현하기에서 강조하고 싶은 말은 자신의 성장 과정 중 감정의 변화를 알아보는 것이다. 자신이 기억하지 못하는 기간이 있을 때 무슨 일이 있었는지 내담자가 준비가 되었을 때 가족들이나 친구들에게 조심스레 직면해 보는 것 또한 나쁘지 않을 수 있다.

6. 동물가족화

1) 푸드매체(젤리, 과자, 건어물)를 활용한 물고기가족화(어항가족화)

가족이란 혈연, 인연, 입양으로 연결된 일정 범위의 사람들로 구성되어 있는 집단이다.

보통의 경우 가족은 결혼, 출산, 입양을 통해 맺어진 두 사람 이상의 집단으로 가장 기본적인 단위이자 우리 삶과 가장 가까운 사회 집단이다. 가족 구성원들, 즉 남편과 아내, 아버지와 어머니, 아들과 딸, 형제와 자매 등으로 각자의 역할이 상호작용하며 여러 가지 가치 있는 기능을 수행하고 가족원 간의 소통과 사랑을 통해 정서적, 심리적 안정감을 제공한다.

가족 구성원들은 음식, 잠자리, 의복, 신체적 안전을 제공하며, 사회 전체적으로 질서와 안정을 촉진시키는 역할을 수행한다. 가족의 형태는 구성되는 방식과 범위를 기준으로 확대가족, 핵가족으로 크게 구분할 수 있다. 현대에는 가치관 및 생활양식의 변화로 이혼 가족, 재혼 가족, 한부모 가족, 무자녀 가족, 조손 가족, 다문화 가족 등 다양한 형태의 가족이 나타나고 있다.

머레이 보웬(Murray Bowen)은 가족체계를 정서적 단위, 상호 관련된 관계망, 가족의 역사를 분석하기 위한 가장 기초가 되는 체계로 보았다.

푸드심리상담에서 물고기가족화(어항가족화)란 자기가 표현하고 싶은 물고기 세계를 꾸미는 방법이다.

물고기가족화(어항가족화)의 장점으로는 4가지를 들 수 있다.

① '나'를 포함한 가족을 물고기 또는 물속에 사는 것으로 표현함으로써 가정(가족)

구성원의 서열, 본인이 생각하는 가족의 위치, 가족관계의 구성원들의 성격 등을 파악할 수 있다.

② 가족관계의 역동성을 나타내며 내담자의 현재의 심리적 상태, 갈등, 불안 등을 일으키는 주제를 파악하는 데 유용하다.

③ 가족 관계나 또래 관계를 이해하는 데 도움이 되며, 가족의 역동성과 현재 심리적 갈등을 일으키는 문제와 내담자 자신의 문제점을 우회적 방법으로 파악하는 데 용이하다.

④ 접근 시 방어기제 발현이나 저항이 적어 정서적 배경, 가족, 대인관계나 사회생활 등을 측정하는 데 용이하다.

내담자가 가족에게 상처를 받았을 경우 상처받은 내면 아이가 있을 때가 많은데 상담사가 내담자와 상담을 진행하면서 홀로서기를 할 정도로 치유가 되었지만 다시 자신의 가족으로 돌아갔을 때 퇴행하거나 내담자 스스로 이겨내기 힘들어하는 모습들을 본 경험이 있다.

보통 상담을 잘 모르는 사람이나 내담자의 가족, 보호자는 상담이 종결되면 내담자가 모든 부분에서 안정감을 느끼고 행복한 삶을 유지해야 한다고 생각한다. 그래서 그렇지 않을 때 상담사를 비난하는 경우가 흔하다. 아마도 비난하는 가족들은 원망할 대상을 찾고 있었는지 모른다.

여기서 상담사가 인지하여야 하는 기본은 내담자만 치유한다고 모든 것이 치유되지 않는다는 것이다. 내담자가 다시 가족들과 생활을 하고 가족들에게 상처 받은 것으로 상담을 요청하였다면 상처 받은 내면 아이를 위해 가족상담을 진행하는 것이 효과적이라고 말할 수 있다.

상담사는 내담자에게 무엇이 주 호소 문제인지를 인지하고 모든 가족 구성원들 간의 상호작용적 기능이 중요하다는 점을 재인식하며 개인의 치유를 위해 가족체계 변화를 전제로 해야 한다는 점을 안내하여야 한다.

2) 물고기가족화(어항가족화) 과정

준비물 물고기 형태의 젤리나 과자, 건어물, 네임펜, 사인펜, 글루건, 조개껍질 등

① 물속(바다, 강, 어항)에 어떤 종류의 물고기들이 살고 있는지 상상하기(내담자에 따라 탄력성 있게 주제를 정하면 좋다)

② 여러 푸드매체를 보면서 나와 닮은 물고기들을 선택하고 색지 또는 접시에 표현하기

③ 여러 푸드매체를 보면서 우리 가족들과 닮은 물고기들을 선택하고 표현하기

④ 조개껍질, 소라, 돌 등 자신이 꾸미고 싶은 매체가 있으면 표현하기

⑤ 각 물고기의 특징을 표현하기

⑥ 가족의 특징을 표현하기

⑦ 물고기가족화 프린트물과 가위, 풀, 색연필(사인펜) 등으로 표현하기

⑧ 작품을 표현하는 동안 내담자의 행동적 특징을 주의 깊게 관찰하기

⑨ 표현하는 동안 또는 완성 후 느낌을 피드백하기

내담자에 따라 자신을 표현하지 않거나 제일 마지막에 표현하는 경우가 있다. 상담사는 순서를 내담자에게 강요하면 안 된다. 가끔은 상담사가 순서를 꼭 지켜야 한다는 강박으로 안정감을 잃고 상담을 진행하는 경우가 있는데 이는 매우 나쁜 결과를 초래할 수도 있다. 그리고 푸드심리상담 접근에서 물고기가족화(어항가족화)를 할 때 편견을 가지면 안 된다. 예를 들자면 상어 모양 젤리는 무조건 가족 구성원 중 공격적이고 큰 사람을 의미할 거라는 생각은 틀릴 수 있다는 것이다. 편견을 갖지 말고 내담자에게 질문하여 오류를 최소화해야 한다.

가족을 표현하는 순서, 가족들과의 거리와 가족들을 표현할 때 내담자의 행동적 관찰은 꼭 필요하다. 내담자를 관찰할 때 행동적 변화를 잘 관찰한다면 내담자의 주 호소 문제를 해결하는 좋은 방안을 찾을 수 있기 때문이다.

〈회피성 성격장애(Avoidant Personality Disorder)〉[4]

1. 진단 기준

사회관계의 억제, 부적절감, 부정적 평가에 대한 예민함이 광범위한 양상으로 나타나고 이는 청년기에 시작되며 여러 상황에서 나타나고 다음 중 4가지(또는 그 이상)으로 나타난다.

1) 비판이나 거절, 인정받지 못함 등 때문에 의미 있는 대인 접촉이 관련되는 직업적 활동을 회피함.
2) 자신을 좋아한다는 확신 없이는 사람들과 관계하는 것을 피함.
3) 수치당하거나 놀림당하는 것에 대한 두려움 때문에 친근한 대인관계 이내로 자신을 제한함.
4) 사회적 상황에서 비판의 대상이 되거나 거절되는 것에 대해 집착함.
5) 부적절감으로 인해 새로운 대인관계 상황에서 제한됨.
6) 자신을 사회적으로 부적절하게, 개인적으로 매력이 없는, 다른 사람에 비해 열등한 사람으로 바라봄.
7) 당황스러움이 늘어날까 염려하여 어떤 새로운 일에 관여하는 것 혹은 개인적인 위험을 감수하는 것을 드물게 마지못해서 함.

2. 진단적 특징

비판이나 거절, 인정받지 못함 등 때문에 중요한 대인관계가 관련되는 직업적 활동을 회피한다.
친밀한 관계를 맺을 수 있는 능력이 있지만 대인관계의 친밀감은 어려운 일이다.
그들은 스스로 부적절하다고 느끼는데 이는 자존감이 낮기 때문이다.

---

4 APA 저, 권준수 역, 『DSM-5 정신질환의 진단 및 통계 편람』, 학지사, 2015.

〈가족치료의 정의 및 기본전제〉[5]

가족치료란 체계이론에서 기초한 심리치료이며, 흔히 2인 이상의 가족원이 진단과 치료의 대상이 된다. 그러나 만약 치료자가 체계 이론적인 관점을 가지고 한자를 대한다면, 한 사람을 치료하더라도 가족치료라고 할 수 있다.

① 사람들의 문제의 전부는 아닐지라도 많은 부분이 가족 간의 잘못된 상호작용에서 기인하므로 문제 해결도 가족의 상호 작용하는 방법을 바꿔 줌으로서 가능하다. 즉, 가족원 간의 의사소통방법, 권력구조, 역할구조, 규칙, 심리적인 거리, 그 가족을 지배하는 가치관 등에 변화가 일어나면 그 가족 내의 개인들에게도 바람직한 변화가 일어난다.

② 개인의 성숙도가 각기 다르듯이 가족들도 각기 다른 성숙도 가지고 있으며, 성숙도가 낮은 가족일수록 정서적 행동적 문제를 가진 자녀를 배출할 확률이 높다.

③ 가정 안에서 문제 자녀는 가족의 병리에 지나치게 개입되어 있어서 자신의 성장과 독립을 위한 에너지가 결여되어 있다.[6]

3) 물고기가족화(어항가족화) 예시

다음 그림은 상담 중 내담자 작품과 집단치료, 학습클리닉, 푸드심리상담사 자격과정 워크숍 중 표현한 작품들이다. 빈칸에 가족 구성원들 간의 상호작용적 기능과 역동이 무엇인지 한번 체크해보면 좋을 듯싶다.

---

5 홍강의 저, 『소아정신의학』, 중앙문화사, 2012.

6 엄예선 저, 『한국가족치료개발론』, 홍익재, 1994.

(1) 유아

(2) 초등학생

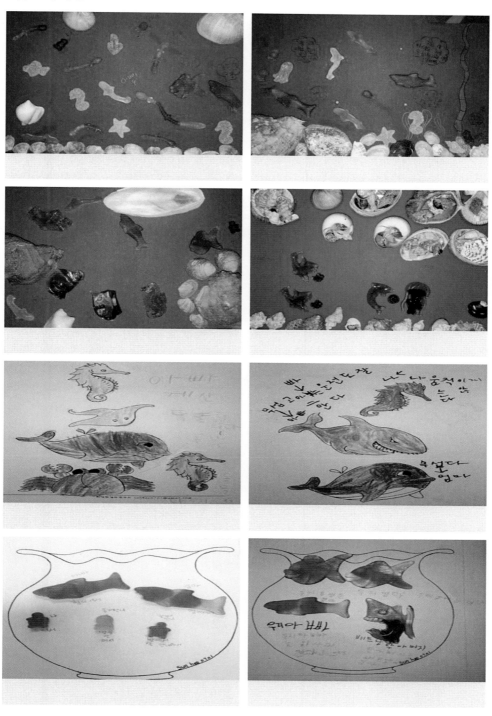

(3) 중학생

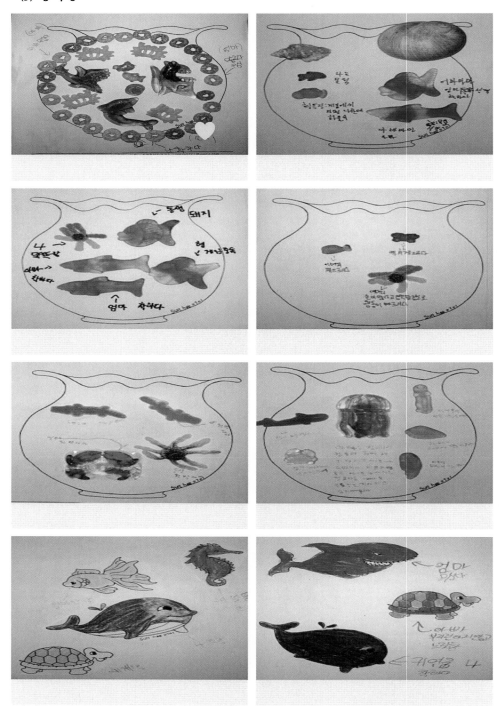

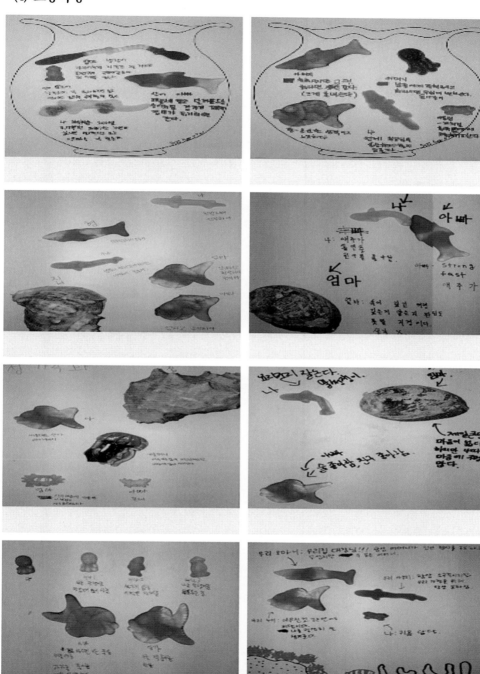

(5) 대학생

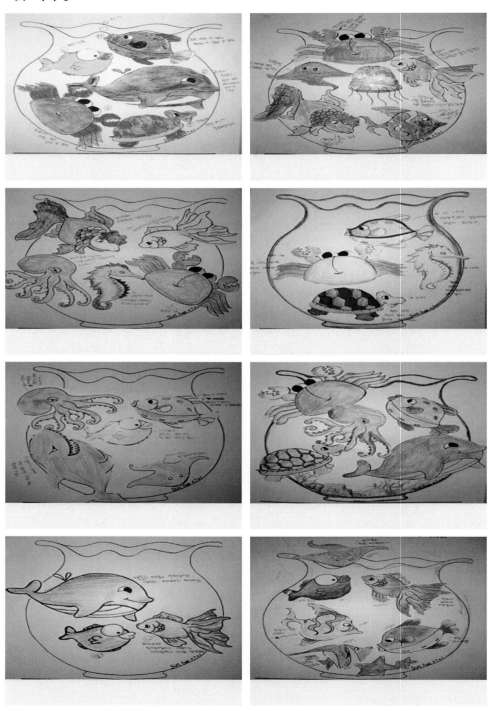

푸드심리상담치료의 이해와 사례

(6) 성인

앞의 작품들을 보면 유아기 아동은 글자 쓰기를 힘들어하는 걸 알 수 있다. 물론 초등학생, 중학생들 중에서도 종종 글쓰기를 힘들어하는 경우가 있다. 경험상 대부분 받아쓰기가 잘되지 않는 학생일 때 학습부진 또는 학교생활에 대한 부적응을 하는 경우가 더 높다고 본다.

보통 초등학교 저학년까지는 받아쓰기가 잘되지 않아도 학교생활을 잘하는 경우가 많지만 초등학교 고학년이 되면 그렇지 않다. 이때부터는 글씨를 많이 쓰게 될 뿐만 아니라 노트 필기를 제시간에 하지 못하는 경우 알림장에 내용을 제대로 쓰지 못해 과제와 준비물을 정확하게 준비 못하는 경우가 반복되어 학습에 대한 흥미도가 훨씬 떨어질 가능성이 있기 때문이다. 물론 학업에 대한 관심이 있다면 학교 홈페이지 알림장에 들어가 보면 알 수도 있지만 스스로 포기를 하는 경우가 흔하고 학습에 대한 관심이 없기에 학습부진이 되고 학교생활에 부적응하게 되는 것이다.

학습부진 학생들의 물고기가족화(어항가족화)를 보면 가족들의 상호작용과 역동을 많이 관찰할 수 있다. 특히, 필자가 만난 학습클리닉 학생들의 보호자들과 면접상담, 전화상담 등을 통해 소통을 해 보면 70~80%의 부모님들이 아주 부정적인 말투와 의심을 가지고 있다는 것을 알 수 있었다. 이는 그동안 학교에서 자식에 대한 긍정적인 피드백보다는 부정적인 피드백이 많았다는 것을 상담을 진행하면서 알 수 있었다. 여기에서 모든 학습클리닉 학부모님들이 그렇다고 할 수 없지만 필자가 만난 대부분의 학부모들은 비합리적인 사고를 많이 하고 있었다. 초등학교 입학 후 학교생활도 어린이집, 유치원의 생활 방식과 교육이 비슷할 것이라는 사고를 하고 있어 학습부진 학생들은 그러한 사고방식으로 인해 더 힘들어하는 경우가 흔하였다.

또한, 아이의 학습과 준비물, 생활 습관 등을 담임 선생님이 다 해결하지 않는다는 부분에 분노하는 학부모도 있었다. 아이가 한글을 잘 모르는 건 선생님이 똑바로 가르치지 않아 그렇다거나 준비물을 학교에서 준비하면 될 것인데 교육청에서 지원되는 돈을 다 쓰고 학부모한테 돈을 쓰게 만든다는 등 여러 가지 불만과 불신이 가득한 것을 알 수 있다. 정말 중요한 것은 아이가 행복한지, 무슨 꿈을 가지고 있는지, 현재 무슨 고민을 하고 있는지, 버려야 하는 나쁜 습관들을 어떻게 수정해야 아이가 학교 적응을 잘하여 행복한 학교생활을 할지와 같은 것들인데, 그에 대한 관심은 없는 것이 문제였다.

귀차니즘, 무기력, 선택적 함구증, 게임 중독, 휴대전화 중독 등으로 학교생활을 능동적으로 하지 못하고 게임 또는 휴대전화로 유튜브, 카톡, 페이스북, 인스타그램 등을 하느라 숙면을 하지 못해 수업시간에 졸거나 멍한 상태로 있는 아이들은 친구들이 장난을 쳐도 예민한 반응을 보여 싸우는 경우가 반복된다. 그런데 학부모는 그 나이 아이들은 누구나 다 핸드폰을 하는데 무슨 상관이냐고 하거나 자기 아이만 미워하는 것이 아니냐는 반응을 보인다. 또한 '학교에서 아이가 말 듣게 잘 가르치면 되지 않냐?', '선생님 말은 그래도 듣고 있으니 학교에 가지 않냐?' 등의 부정적인 말들을 한다. 이처럼 실제 부모들이 자식의 문제점이 무엇인지 인지를 하지 못하고 있다는 것이 제일 큰 문제로 보인다. 일관성 없는 부모님들의 행동은 상담 중 바로 직면하게 되는 경우도 많다. 내담자들을 볼 때 초등학교 고학년부터 중학교 3학년까지는 부모에 대한 일관성 없는 행동과 게임 중독, 성실하지 못한 점, 자식에 대한 관심이 없는 점 들을 필자에게 너무나 솔직하게 표현하기도 한다. 여기서 우리가 한 번 더 고민하고 생각해야 되는 부분은 부모님들께서 아이들 앞에서 게임 중독, 휴대폰 중독 증상을 보이고 있지만 스스로는 인지를 하지 못하고 어른이니 자신은 그런 행동을 해도 괜찮다는 말과 행동을 한다는 것이다. 부모가 말을 하면 당연히 따라야 한다는 비합리적인 사고로 자식들과 소통하는 부분에 있어 힘듦을 호소한다. 특히 부모님의 우울증을 자식에게 내세워 모든 사람들이 자신을 측은하게 바라보길 원하는 연극성 성격장애, 자기애성 성격장애, 회피성 장애, 의존성 성격장애 등을 지닌 채 아이들을 양육하는 부모가 많다. 자신의 말을 듣지 않을 때 화를 내거나 폭력, 가출 등으로 아이들에게 불안을 조성하는 무책임한 부모들이 있다는 점도 문제이다. 자식의 문제행동과 부정적 정서의 심각성을 인지 못하는 것과 부정적인 감정이 너무 지배적이고 의존적인 부모 또한 많다는 점도 문제이지만 상담사는 매 순간 부모교육을 실시하고 우리 아이들이 행복해질 수 있도록 최선을 다해야 한다고 생각한다.

물고기가족화는 유아부터 노인에 이르기까지 내담자가 가족구성원에 대해 갖고 있는 무의식을 읽기에 좋은 방법이다. 또한, 결혼을 하였지만 부모로부터 정신적으로 독립되지 못하고 공생하고 있는 내담자의 경우 물고기가족화(어항가족화)로 표현된 작품을 통해 내담자가 바라본 가족구성원과의 갈등이나 관계(상호작용)에 어려움을 겪고 있는 상황을 쉽게 파악할 수 있어 효과적이다. 필자가 만난 어느 내담자는 시댁과 갈등이 아주 심해서 이혼을 결심하였지만 마지막으로 상담을 받고 선택하기 위해 왔다고 했다. 물고기가족화(어항가족화)를 표현해 보니 친정 부모님과 분리가 되지 않아서 문제가 생겼다는 점을 파악할 수 있었다. 친정 부모님과 공생을 하고 싶은데 시댁의 눈치를 살피느라 갈등을 야기한 경우였다. 내담자는 친정 부모님의 무능력함, 친정 부모님의 건강하지 못한 생활 방식을 남편과 시댁에 보이기 싫어 더 남편을 미워하고 시댁을 거짓으로 포장하는 방식으로 남편과 시댁 가족들을 왜곡한 것이었다. 친정 부모님을 미워하거나 원망할 수 없어 시댁 부모님을 과장되게 미워하고 분노하며 감정을 가리기 위한 비합리적인 선택을 한 경우로, 이때 필자는 친정 부모님과의 분리 또는 독립이 필요하다고 안내하고 구성가족의 중요성을 인지시켰다.

지능적인 문제로 주 양육자가 엄마인 줄 알고 성장하는 아이들을 본 경험들이 있다. 실제 고모나 이모가 양육하지만 자신의 친엄마인 것으로 인지하며 자신의 친아빠랑 엄마랑 같이 자지 않고 아빠는 거실에서 잔다는 이야기를 하는 아동은 꼭 지능을 한 번 더 확인해야 한다. 필자가 비슷한 사례를 많이 겪었기에 당부하는 말이다. 물고기가족화(어항가족화)를 푸드심리상담의 매체로 삼으면 가족구성원들을 살필 수 있어 저항감이 감소되고 표현을 솔직하게 하는 사례를 많이 본다. 하지만 건어물 종류는 아동부터 청소년까지 별 관심이 없는 경우가 많다. 푸드심리상담 접근 방법은 내담자가 싫어하는 음식의 재료를 내담자가 먹어 보는 경험을 할 수 있다는 강점이 있다. 보통의 경우 반찬으로는 잘 먹지 않지만 상담할 때는 먹는다며 웃는 모습을 많이 보이고 부모님들도 많이 만족해하는 편이다. 조개껍질, 소라 등을 활용할 때 큰 소라껍질, 조개껍질 속을 잘 살펴보아야 하는데 그 속에 가출한 엄마 또는 자신에게 상처를 준 가족들이 숨어 있는 경우가 많다. 껍질 속에 숨기는 표현을 한 내담자의 경우 그립지만 표현을 하지 못하는 경우와 너무 싫고 표현하고 싶지도 않지만 가족이라 표현을 할 때가 있다. 내담자는 밖으로는 표현을 못하다가 푸드심리상담 접근을 하였을 때 솔직한 심정을 드러내는데, '보기 싫다', '나에게 상처를 준다', '분노하고 있다' 등 부정적인 감정들을 내포하고 있으니 잘 관찰하길 바란다. 푸드심리상담에 사용하는 매체는 다소 상담사가 번거롭기는 하지만 내담자가 아주 편안하게 접근한다는 것을 인지한다면 물고기가족화(어항가족화)의 표현이 매우 효과적이라고 생각한다. 내담자가 물고기 종류를 선택할 때 같은 성질의 매체를 쓰지 않고 다른 성질의 매체를 선택할 시 꼭 내담자에게 질문을 하거나 행동관찰을 하여야 한다. 예를 들자면 과자, 젤리, 건어물 등 다양한 재료를 제시했을 때 유독 가족구성원 중 과자, 또는 건어물 등의 다른 특징을 가진 매체를 두드러지게 사용한다면 다른 양상을 보이는 가족과의 관계를 확인해야 된다는 것이다.

〈공생〉

① 두 사람 또는 그 이상의 사람이 마치 한 사람인 것처럼 행동을 한다.
② 두 사람 사이에 세 가지 자아 상태를 모두 활용하지 못한다.
③ 공생관계가 형성되면 서로 편안함을 느낀다.
④ 서로에게 기대하는 역할만 수행한다.
⑤ 공생관계를 통하여 안정성을 얻지만 각자의 자아 상태를 디스카운트한다.

건강한 공생은 환자와 간호사, 부모와 자녀 간(유아기, 아동기)의 공생처럼 성장하면서 서로 독립시켜야 한다. 이처럼 이상적인 양육이란 자녀가 필요로 하는 것을 제공하면서 차츰 적절한 분리를 독려하는 것이다.

〈가족치료학파〉

보웬 가족학파, 경험주의적 가족치료, 정신분석적 가족치료, 인지행동주의적 가족치료, MAI모델, 전략적가족치료모델, 밀란모델들, 해결중심가족치료, 이야기치료, 내적가족체계치료(Internal Family Systems Therapy), 초월구조주의모델(The Metaframeworks Model) 등의 가족치료학파가 있다. 가족상 담학과를 졸업하신 분들께서는 인지하고 있지만 상담을 하시는 분들께서 한 번쯤은 가족치료학파 들을 인지하는 것도 좋을 듯하다.

필자의 경우는 보웬 가족치료이론과 구조적 가족치료를 자주 응용하는데 구조적 가족치료를 간 단하게 요약한다면 이렇다. 모든 가족들은 특유의 상호작용 유형 혹은 규칙을 가지고 있는데 이러 한 유형, 혹은 규칙을 구조라고 부른다. 건강한 가족은 가족의 구조가 신축성이 있고 경직되어 있지 않아서 각 개인과 가족 내의 하위체계들과 가족 전체의 필요들이 잘 충족된다. 건강한 가족들은 시 간이 흐르거나 가족의 상황이 변하면 그 가족의 구조도 동시에 변화한다. 한편 역기능적인 가정에 서는 가족구조도가 경직되어 있기 때문에 가족이 필요로 하는 변화를 가져올 수가 없다. 증상으로 는 가족구조의 경직성이 표현될 수도 있고, 문제 자체는 가족 외부로부터 기인하지만 이것이 비기능 적인 가족구조에 의해 강화되는 현상으로도 표현될 수도 있다. 구조적 가족치료의 목적은 역기능적 인 가족구조를 기능적 구조로 바꾸어 줌으로써 내담자가 이해하고 있는 건강한 가족상에 가깝도록 치료 대상 가족을 돕는 데 있다. 구조적 가족치료의 대표적인 기법들은 다음과 같다.

① 유지기법: 현재의 가족 간의 상호작용 유형과 규칙을 인정하고 자신을 그 구조에 적응시키는 기법.

② 실연기법: 상담실 내에서 가족들로 하여금 서로 대화를 나누도록 지시하는 방법. 이는 치료의 강도 증가시키는 방법, 즉 치유의 강도를 높여서 가족 안에서 평상시에 유지해 온 평형상태가 깨어져 가족 재구조화됨에 그 목적이 있음.

③ 초점 잡기: 내담자 가족이 보도하는 중요한 자료를 추려내고 우선순위를 정하는 기법.

④ 경계선 만들기: 각 체계의 경계선을 명확하게 해 주기 위해 가족 구성원 간의 상호작용 유형을 수정해 주는 방법.

인지 행동주의적 가족치료는 현재의 증상을 제거하기 위한 행동의 변화에 주요 관심이 있다. 인 지 행동주의 가족치료에서는 부모교육과 부부치료를 훈련한다. 그 외의 가족치료학파들은 개인적 인 공부를 하면 좋을 것 같다. 상담사가 상담을 이끌어 가면서 꼭 인지해야 하는 부분을 한 번 더 이 야기하자면 내담자의 치유에 있어 가족상담이 매우 중요하다는 점이다. 따라서 아동일 경우 적어도 부모교육을 상담 회기마다는 실시하는 것은 당연하다고 할 수 있다.

_____의 어항 물고기가족화

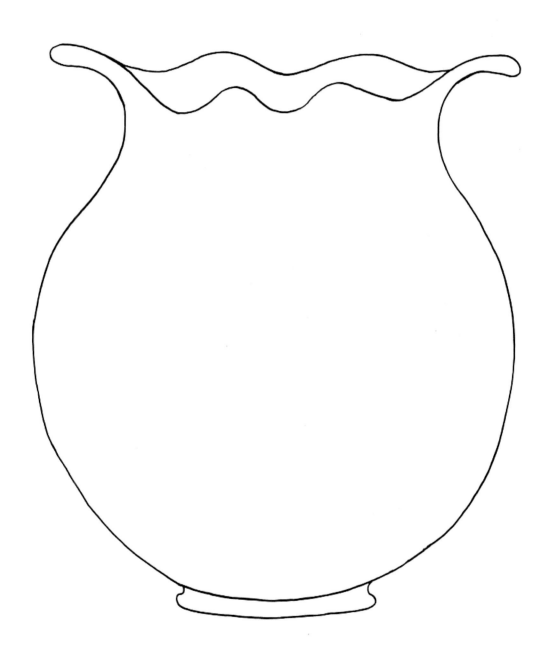

푸드심리상담치료의 이해와 사례

7. 라면

1) 라면을 활용하여 분노감정 해소하기

분노감정이란 인간이 가진 가장 기본적인 감정 중의 하나이다. 자신을 위협하거나 해를 입히는 것에 대해 일어나는 일반적이고 정상적인 감정이다. 특징으로는 초조, 언어적 공격, 심장박동 증가, 폭력적·부정적 시각이다. 분노는 크게 충동적, 습관적, 폭발형 분노로 나눌 수 있다. 충동적인 분노는 우발적으로 나타나는 것이라면 습관적 분노와 폭발적 분노는 경험적으로 학습하면서 습관화된 분노이다.

분노 조절이란 분노를 지배하고 조절하고 관리하는 것이며, 분노에 대한 건전한 반응이란 상대편을 해치거나 손상을 주지 않는 범위에서 신체적, 심리적 불균형 상태로부터 다시 평안을 회복하고 분노 상황에서 자신이 진정으로 원했던 것을 달성하게 하는 반응이다.

이러한 분노 조절을 위한 치료 기법으로 인지 행동 치료(Cognitive Behavioral Therapy, CBT) 기법이 있다.

푸드심리상담에서 분노를 잘 다스리기 위해 라면(사발면, 뿌셔뿌셔, 국수) 등을 분노감정을 해소하는 접근 매체로 활용한다.

라면은 잘 부서지며 자극적인 매체이다. 간편 음식으로 아동기부터 성인까지 많이 선호하는 것도 있지만 자극적인 맛으로 더 찾기도 하는 음식이다.

우리는 늘 자신의 감정을 조절하기 쉽지 않지만 교육을 통해서 자신의 감정을 조절해야 한다고 생각한다. 자신이 화가 나거나 분노를 할 때 어떤 행동적 패턴을 쓰는지가 중요한 부분이며 습관적인 실수와 오류를 범할 때 실수를 줄일 수 있는 것 또한 성인으로 성장하는 길이라 생각한다.

푸드심리상담에서는 분노를 해소한 후 분노의 결과를 수습(정리)하기 위한 행동적인 경험으로 내담자들에게 노출하는 방법으로 접근하길 바란다.

2) 라면을 활용하여 분노감정 해소하기 과정

준비물 사발면, 뿌셔뿌셔, 라면, 뜨거운 물, 나무젓가락, 색지, 국수 등

① 사발면의 형태와 재료의 특징들을 질문한다(뿌셔뿌셔, 라면).
② 자신이 생각하는 사발면의 맛과 기억을 이미지화한다(뿌셔뿌셔, 라면).
③ 사발면의 형태와 비슷한 형태가 무엇이 있는지 생각하도록 한다(뿌셔뿌셔, 라면).
④ 자신이 가장 화가 날 때가 언제인지 질문한다.
⑤ 어떤 사람들이 자신을 제일 화나게 하는지 질문한다.
⑥ 자신이 화가 났을 때 어떤 행동을 하는지 어떤 행동을 하고 싶은지 질문한다.
⑦ 정말 화가 났을 때 사발면(라면, 뿌셔뿌셔)을 부셔버리고 나의 감정을 표현하자고 제안한다.
⑧ 부서진 사발면(라면, 뿌셔뿌셔)의 조각들을 가지고 자신을 화나게 하는 말과 분위기 또는 화가 났을 때 자신을 표현하도록 한다(내담자에 따라 조절하길 바란다).
⑨ 이미지화한 작품으로 피드백을 한다.
⑩ 피드백 후 다시 사발면 그릇에 담고 물을 넣고 기다리는 동안 청소를 하도록 한다.
⑪ 사발면이 익은 것을 먹도록 안내한 후 면들이 부서져 흩어져 있어 청소가 힘든 부분과 너무 부셔서 먹을 때 젓가락으로 먹기가 힘든 부분에서 감정 조절을 하지 못하면 청소도 먹는 것도 힘들어지는 부분을 설명한다.
⑫ 모든 작업이 끝난 후 다시 한 번 청소를 하도록 한다.

학교에서 집단치료 또는 개인상담을 할 때는 사발면으로 작업을 하기 힘들 경우가 있다. 그럴 땐 뿌셔뿌셔로 표현을 하여도 좋다. 매체의 특성상 부술 때 손이 아플 경우가 있으므로 상담사가 잘 지켜보고 있도록 한다. 너무 많은 말을 상담사가 하지 않도록 하는 것이 중요하다. 내담자 스스로 인지하도록 한다. 사발면이나 뿌셔뿌셔의 형태를 보고 어떤 이미지가 있는지에 대한 피드백을 할 때 '그렇게 보였구나'가 중요하다는 것이다. 집단상담을 할 때 분노 감정이 어떤 말을 들었을 때 일어나는지 어떤 상황일 때 생기는지 등을 서로 피드백하는데, 이때 '그런 것이 왜 화가 나?', '나는 그 정도 가지고는 화를 내지 않아', '나 정도는 되어야 화를 내야 하는 것이 아니야!' 등의 말을 주고받곤 한다. 집단상담 전 상담사는 각자 분노하거나 화가 나는 부분이 다르다는 것을 미리 인지시키는 것이 중요하다. 우리가 상담을 하면서 "고작 그 정도야?", "그건 아니잖아. 나는 너보다 더 힘든 상황이라도 견디고 인내하고 있어"라는 말을 쓰면 안 되는 것처럼 집단상담을 할 때도 똑같다. 물론 공감을 같이 해 주면 더 큰 효과가 있지만 분노 감정을 할 때 자신이 더 힘들지만 "난 이 정도는 참아. 내가 얼마나 힘든지 알아?"라는 표현을 하는 경우가 종종 있기 때문에 미리 집단상담을 할 때 주의하도록 해야 한다. 내담자에 따라 받아들이는 입장이 다르다는 것을 한 번 더 강조하고 싶다.

〈분노조절장애의 종류〉[7]

1. 품행장애(Conduct Disorder)

1) 진단 기준

다른 사람의 기본적 권리를 침해하고 연령에 적절한 사회적 규범 및 규칙을 위반하는 지속적이고 반복적인 양상으로, 지난 12개월 동안 다음의 15개 기준 중 적어도 3개 이상에 해당되고, 지난 6개월 동안 적어도 1개 이상의 기준을 충족하면 해당된다.

사람과 동물에 대한 공격성	1. 자주 다른 사람을 괴롭히거나, 위협하거나, 협박함
	2. 자주 신체적인 싸움을 걺
	3. 다른 사람에게 심각한 신체적 손상을 입힐 수 있는 무기 사용(예 방망이, 벽돌, 깨진 병, 칼, 총 등)
	4. 다른 사람에게 신체적으로 잔인하게 대함
	5. 동물에게 신체적으로 잔인하게 대함
	6. 피해자가 보는 앞에서 도둑질을 함(예 노상강도, 소매치기, 강탈, 무장 강도)
	7. 다른 사람에게 성적 활동을 강요함
재산 파괴	8. 심각한 손상을 입히려는 의도로 고의적으로 불을 지름
	9. 다른 사람의 재산을 고의적으로 파괴함(방화로 인한 것은 제외)
사기 또는 절도	10. 다른 사람의 집, 건물 또는 자동차를 망가뜨림
	11. 어떤 물건을 얻거나 환심을 사기 위해 또는 의무를 피하기 위해 거짓말을 자주 함 (즉, 다른 사람을 속임)
	12. 피해자와 대면하지 않은 상태에서 귀중품을 훔침(부수거나 침입하지 않고 상점에서 물건 훔치기, 문서 위조)
심각한 규칙 위반	13. 부모의 제지에도 불구하고 13세 이전부터 자주 밤늦게까지 집에 들어오지 않음
	14. 친부모 또는 양부모와 같이 사는 동안 밤에 적어도 2회 이상 가출했거나 장기간 귀가하지 않은 가출이 1회 있음
	15. 13세 이전에 무단결석을 자주 함

2) 기능적 결과

품행장애는 정학이나 퇴학, 직장 적응 문제, 법적인 문제, 성적으로 전염되는 질환, 계획하지 않은 임신, 사고나 싸움으로 인한 상해 등을 이야기할 수 있다. 이런 문제가 있으면 정상적인 학교생활 및 가정생활을 지속하기 어렵다. 품행장애는 종종 이른 시기의 성적 행동, 음주, 흡연, 불법적인 물질 사용 및 무모하고 위험한 행동의 발생과 관련이 있다. 품행장애가 없는 사람들에 비해 장애가

---

7 APA 저, 권준수 역, 『DSM-5 정신질환의 진단 및 통계 편람』, 학지사, 2015.

있는 사람들에게 사고도 더 높은 비율로 발생한다. 품행장애의 기능적 결과를 고려하면, 이들은 중년기에 이르렀을 때 건강상의 문제가 수반될 것이라는 예측을 할 수 있다. 또한 불법 행동에 연루되어 형사처벌을 받게 되는 경우도 있다. 품행장애는 아동정신건강시설에서, 특히 법의학적 실제에서 아동의 치료를 위해 흔히 의뢰되고 진단되는 사유가 된다. 이 장애는 기타 임상 장면에서 의뢰되는 아동들에 비해 더 심각하고 만성적인 손상과 연관되어 있다.

3) 감별진단

적재적 반항장애, 주의력결핍 과잉행동장애, 우울 및 양극성 장애, 간헐적 폭발 장애, 적응 장애 등이 있다.

2. 간헐적 폭발장애(Intermittent Explosive Disorder)

1) 증상

① 공격적인 충동을 통제하지 못해 보이는 반복적인 행동 폭발로, 다음의 항목 중 하나를 특징적으로 보인다.
  - 언어적 공격성(예 분노 발작, 장황한 비난, 논쟁이나 언어적 다툼)또는 재산, 동물, 타인에게 가하는 신체적 공격성이 3개월 동안 평균적으로 일주일에 2회 이상 발생함. 신체적 공격성은 재산 피해나 재산 파괴를 초래하지 않으며, 동물이나 다른 사람에게 상해를 입히지 않음.
  - 재산 피해나 파괴 그리고/또는 동물이나 다른 사람에게 상해를 입힐 수 있는 신체적 폭행을 포함하는 폭발적 행동을 12개월 이내에 3회 이상 보임.

② 반복적인 행동폭발 동안 표현된 공격성의 정도는 정신사회적 스트레스 요인에 의해 촉발되거나 유발되는 정도를 심하게 넘어선다.

③ 반복적인 행동폭발은 미리 계획된 것이 아니며(예 충족적이거나 분노로 유발된 행동), 유형적인 대상에만 한정된 것(예 돈, 권력, 친밀감)이 아니다.

④ 반복적인 공격적 행동폭발은 개인에게 현저한 심리적 고통을 유발하거나, 직업적 또는 대인관계 기능에 손상을 주거나, 경제적 또는 법적 문제와 관련된다.

⑤ 생활연령(Chronological Age)은 적어도 6세 이상(또는 6세에 상응하는 발달 단계 수준)이다.

⑥ 반복적인 공격적 행동폭발이 다른 정신질환으로 더 잘 설명되지 않으며(예 주요우울장애, 양극성 장애, 파괴적 기분조절 부전장애, 정신병적 장애, 반사회성 성격장애, 경계성 성격장애) 다른 의학적 상태(예 두부 외상, 알츠하이머병)나 물질(예 남용약물, 치료약물)의 생리적 효과로 인한 것이 아니다. 6~18세 아동의 경우에 적응장애의 일부로 보이는 공격적 행동을 이 진단으로 고려해서는 안 된다.

3. 파괴적 기분조절부전장애

충동적인 공격적 행동폭발 사이에 거의 매일 부정적 기분상해(즉, 과민성, 분노)를 지속적으로 보인다는 점이 특징이다. 반복적이고 충동적이며 문제가 되는 공격성 행동폭발의 발병이 10세 이전일 때만 파괴적 기분조절부전장애가 진단될 수 있다. 즉, 18세 이후에 처음 발병하는 경우에는 파괴적 기분조절부전장애 진단이 내려질 수 없다. 달리 말하면, 이들 주 장애는 상호 배타적이다.

4. 반사회성 성격장애 또는 경계성 성격장애

반사회성 성격장애나 경계성 성격장애가 있는 사람들도 반복적이고 충동적이며 문제가 되는 공격적 행동폭발을 자주 보인다. 그러나 반사회성 성격장애나 경계선 성격장애에서 보이는 충동적인 공격성의 수준은 간헐적 폭발장애가 있는 사람의 충동적인 공격성 수준보다 낮다.

5. 주의력결핍 과잉행동장애, 품행장애, 적대적 반항장애 또는 자폐스펙트럼장애

아동기에 발병하는 장애들 중에서 어느 한 가지 장애를 가진 사람에게서도 충동적인 공격적 행동폭발이 관찰될 수 있다. ADHD가 있는 사람은 전형적으로 충동적이므로 충동적인 공격적 행동폭발을 보일 수 있다.

한편 품행장애가 있는 사람들도 충동적인 공격적 행동폭발을 보이는데, 진단기준에 의하면 그러한 공격성의 형태가 치밀하고 약탈적이다. 적대적 반항장애에서 보이는 공격성은 분노발작과 권위자의 논쟁을 특징으로 하는 반면, 간헐적 폭발장애의 공격성은 신체적 공격을 포함하여야 다양한 촉발 자극에 대한 반응이라는 점이 특징적이다.

3) 라면을 활용하여 분노감정 해소하기 예시

다음 그림은 상담 중 내담자 작품과 집단치료, 푸드심리상담사 자격과정 워크숍 중 표현한 작품들이다. 빈칸에 어떤 분노가 있는지 한번 체크해 보면 좋을 듯싶다.

(1) 초등학생

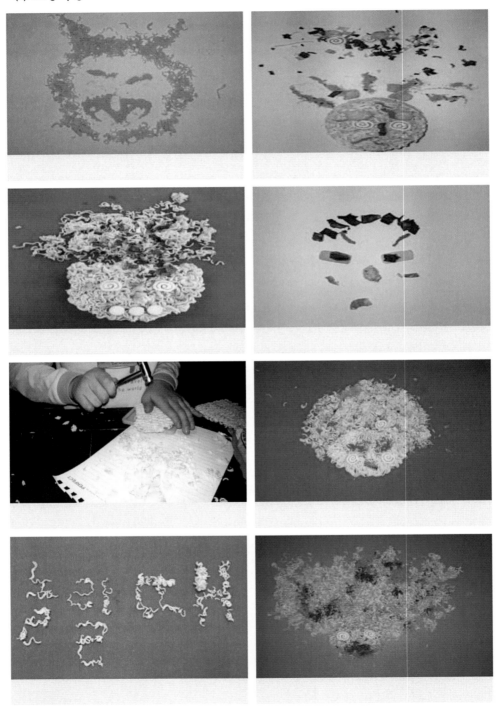

푸드심리상담치료의 이해와 사례

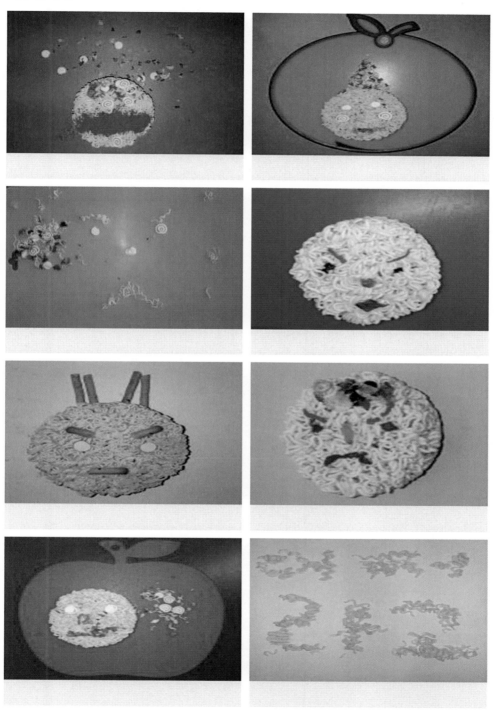

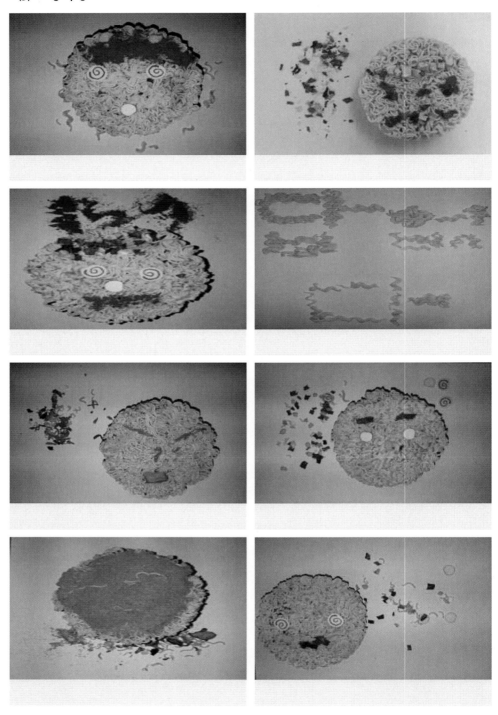

(4) 성인

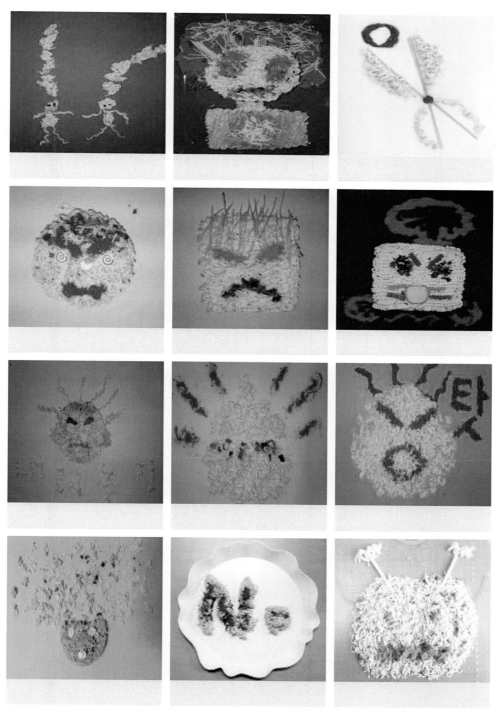

(5) 다문화가정

푸드심리상담치료의 이해와 사례

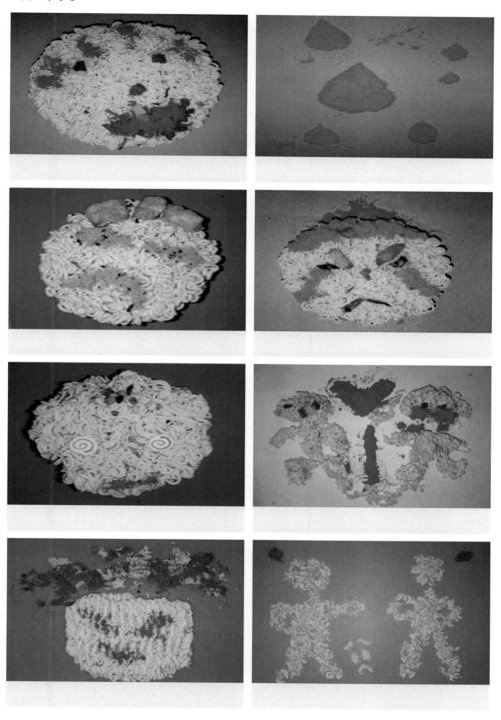

앞의 작품들을 보면 초등학생들은 분노 작업을 할 때 시원하게 부수거나 자신의 분노 감정을 솔직하게 표현하는 걸 알 수 있다. 작업 후 속이 시원하다. 그리고 청소를 하면서 자신이 다 스트레스를 발산할 때는 정말 스트레스가 많이 풀렸지만 청소하는 과정에 대한 생각은 하지 못했다고 말을 한다. 라면이라는 매체의 특징으로 청소가 힘들다는 것을 행동적 경험으로써 인지하도록 하는 접근 방법이다. 자신의 분노를 타인에게 필터 없이 노출한다면 부모님과 담임 선생님을 비롯한 이들을 힘들게 한다. 그런데 라면을 부수면서 자신의 분노를 타인이 수습하게 하지 않고 자신이 책임 지는 것 또한 학습할 수 있다. 자기가 힘들다는 것을 자연스럽게 인지할 수 있어 여러 설명을 하지 않아도 되는 매체로써 정말 분노 작업에 효과적이라고 말할 수 있다.

상담시간에 분노 작업을 할 때 필자는 "분노야 가라"라는 말을 하라고 제안할 때가 많다. 초등학생 내담자는 그 말과 행동적 표현 그리고 비언어적 표현에 카타르시스를 느낀다는 말을 많이 한다. 하지만 중학생과 고등학생들은 라면을 부수면 못 먹는다는 생각을 한다. 특히 사발면을 아주 좋아하는 시기라 분노를 표현할 때 사발면을 2개 준비하거나 뿌셔뿌셔를 하나 더 준비하면 적극적으로 자신의 감정을 표현을 한다. 특히 중학생들은 언어적 표현으로 인해 상처를 많이 받고 순식간에 분노 감정을 표출하는 경우가 많기 때문에 큰 문제로 발전할 때가 많다. 남자 중학생들을 개인상담보다는 집단상담을 할 때 돌발 상황을 자주 만드는데, 필자의 생각으로는 학교폭력에 대한 교육을 이론적인 수업으로만 받다 보니 경청을 하지 않은 경우가 종종 있는 것 같다. 이 아이들이 푸드매체를 활용한다면 감정을 조절하는 데 보다 더 도움을 받을 수 있을 것이다.

주로 고등학생들은 공부 때문에 정말 스트레스를 많이 받고 있지만 감정조절을 하지 않으면 너무 힘들다는 것을 직간접적으로 인지하고 조절하기 위해 노력을 한다.

이때 친구들 때문에 힘들기보다는 성적에 대한 스트레스를 많이 받고 부모님의 기대, 대학 입시, 진로 등으로 자신의 불투명한 미래에 대한 분노를 한다. 이 말은 '정말 왜 공부를 하지 않았을까?', '중학생 때 공부를 부모님이 그렇게 하라고 할 때 좀 했으면 지금의 내 모습이 아닌 좀 더 행복한 모습이었을 텐데. 공부에 대해 스트레스도 덜 받고 조금 더 좋은 대학을 갈 수 있을 것 같은데'라고 후회하는 모습들을 흔히 볼 수 있다. 하지만 공부를 하기 싫어하는 것은 똑같다. 자신들이 한 말이 대학생이 되었을 때는 어떨지 질문을 한 번 더 하면 "그러게요"라고 대답은 하지만 바로 자신의 모습을 수정하기는 힘들다. 그저 상담사와 부모님은 지속적이고 긍정적인 피드백으로 아이들이 원하는 삶을 지지해주는 것이 더 합리적이다.

대학생과 성인들은 분노 작업을 할 때 너무나 시원해한다. 작업 후 처음으로 솔직한 자신의 마음을 표현하는 경험을 한 것이 통쾌하다고 이야기한다. 남의 눈치를 보느라 감정을 표현하기 쉽지 않았다는 공통적인 말을 많이 하는 편이다. 라면을 먹으며 자신이 분노를 했을 때를 설명하면서 매운 맛이 스트레스를 더 풀어주는 느낌이라 이야기하며 분노를 시원하게 해소한 후 허기가 있었는데 라면을 먹음으로써 매체로 상담하는 접근방법에 매료되었다는 표현을 한다.

주부들의 분노가 가장 많을 때는 시댁과 갈등으로 너무 화가 나지만 남편의 눈치를 살펴 말을 잘 못 하고 혼자 가슴앓이를 하는 경우가 많았는데 시댁 이야기를 상담사에게 포장하지 않고 솔직하게 말로 표현을 하니 너무 좋았다는 말을 많이 하는 편이다.

대학생의 경우는 이성에 대한 스트레스와 외모, 취업에 대한 스트레스 등으로 상담을 요청하는데 내담자들 스스로 자신의 문제점인 행동적 변화를 제일 빨리 알아차리는 편이라고 말할 수 있다.

다문화 부모의 경우 관광지, 또는 사람들이 많이 모이는 공공장소에서 스트레스를 많이 받는다고 하였다. 다른 외모나 말투로 인해 사람들이 자신들을 보는 시선이 불편하고 특히 어르신들이 필리핀, 베트남이라고 말할 때 아주 화가 나서 왜 그렇게 말하시는지 따지고 싶지만 위축된 아이들을 보면 자신도 모르게 화를 낼 수 없고 빨리 아이들을 다른 곳으로 이동시킬 때 화가 나 미칠 것 같다는 표현을 많이 하였다. 다문화의 경우 필자가 만난 내담자들은 자신은 한국으로 시집을 왔는데 왜 그런 시선과 말을 하는지에 대한 분노를 말한다. 필자의 경우는 다른 나라에서 시집온 것을 먼저 인지시킨다. 피부색이 다른 것, 말투가 다른 것을 부정하기보다는 불편한 상황에 현명하게 대처하는 방법들을 내담자 스스로 찾을 수 있도록 안내를 한다. 타인에게 그렇게 보인다고 숨거나 위축된다면 아이들에게 어떤 교육이 되는지 피드백한다. 보통의 경우 부모의 입장에서 자신을 인정하고 당당한 모습을 보이고 싶다는 말을 한다. 처음에는 힘들지만 조금씩 '자신은 괜찮은 사람이다', '자신은 충만한 사람이다' 등으로 자기효능감 또는 자아존중감을 먼저 향상시키도록 한다. 그 후 행동적으로 변화한다면 우리 아이들이 위축되지 않고 잘 성장할 거라는 피드백을 한다. 동서양을 보더라도 부모들의 바람은 자식들이 잘 성장하길 진심으로 바란다. 하지만 방법을 잘 모르거나 교육받지 못해 오류를 범할 때가 많다. 그리고 다문화일 때 필자는 꼭 안내를 한다. 문화의 차이가 있다는 것을 인지하고 여러 기관의 부모교육, 자녀교육, 심리상담 등 여러 강의가 있을 때 꼭 듣고 한 가지라도 실천하는 것이 중요하다고 말한다.

특히 문화의 차이점을 다문화 엄마에게만 안내하는 것이 아니라 남편과 시어머니, 그리고 온가족 모두 가족상담을 하라고 권한다.

필자는 다문화 고부 갈등 관련 TV 프로그램에 출현한 경험이 있다. 그때 시어머니는 정말 인품이 좋으시고 자식에게 헌신하고 봉사하시는 분이었다. 하지만 며느리는 적극적이고 자신의 감정 표현을 아주 잘하는 요즈음 며느리였다. 고부간의 갈등은 문화적인 차이를 인지하지 않으면서 오해와 불신, 왜곡을 만들어 낼 수 있었다. 시어머니는 과거 자신이 며느리일 때 난 저렇게 자신이 하고 싶은 말을 다 하지 않고 그냥 열심히 일하고 자식을 키우기 위해 묵묵히 일을 하였는데 며느리는 싫고 좋음이 너무 확실하다고 했다. 자신의 감정을 너무나 솔직하게 표현하는 버릇없는 말투와 시어머니께 하면 안 되는 언어를 선택을 한 후 너무나 시끄럽게 말을 하여 도저히 참을 수 없었지만 자신의 아들과 손자를 위해 꼭 참고 살았고 살고 있다고 하셨다. 시어머님이 말을 하지 않아야 빨리 수습이 된다는 생각으로 계속적으로 회피하는 모습을 보였던 것이다. 상담을 하면서 시어머니는 청각에 문제가 있어 소리에 예민한 상태였고, 말을 많이 하는 편이 아니라 필요한 말만 단답형으로 하는 생활습관이 고착화된 상태였다. 이런 문제점들로 인해 시어머니의 각본은 말을 안 하는 것이 최우선이었다. 말을 하면 계속 말을 하거나 너무 시끄럽고 듣지 말아야 하는 말까지 듣게 되면 자신이 너무 힘든 상황이 되어 점점 말하는 횟수가 줄고 있는 모습을 보이고 있었다.

며느리 입장에서는 자신을 무시하기 때문에 어머님이 대답도 잘 하지 않는다는 호소 문제를 가지고 있었다. 며느리가 성장한 문화와 시어머니가 가진 문화의 차이가 크기 때문에 갈등 또한 증폭되고 있었다. 물론 두 사람 모두 서로 사랑하는 마음은 충만하였지만 오해가 계속 쌓인 상태에서 상담 요청을 하였다.

이러한 경우 상담사는 문화적인 차이점을 어떻게 설명하는가에 따라 상담의 효과성을 볼 수 있다는 것을 꼭 인지하고 있어야 한다.

먼저 고부간의 오해에 대한 이야기를 하자면 똑같은 사건이 일어났을 때 사실과 다르게 해석하거나 이해함으로써 오해가 쌓인다. 오해를 풀기 위해서 소통을 하는데 똑같은 상황이지만 문화적 차이와 내담자에 따라 받아들이는 입장이 다르고 느끼는 감정이 다르다는 것을 먼저 인지시켜야 한다. 받아들이는 것이 다르다는 것을 먼저 인지한다면 소통에 있어 조금 더 내담자 입장에서 편안하게 상담을 진행할 수 있다. 이와 같이 오해와 소통의 차이점을 볼 때 다문화 가족들에 있어 문화적 갈등은 많이 나타나는 현상이라고 말할 수 있다.

8. 핫바

1) 핫바를 활용하여 이상적 나와 만나기 인형극

칼 로저스(Carl Rogers)의 '이상적인 나, 현실의 나에서는 자유, 합리성 그리고 자아실현의 경향이 서로 연결되어 있다고 한다. 로저스는 인간의 삶은 자신이 통제할 수 없는 어떤 힘에 의해 조종당하는 피동적 삶이 아니라 각 개인이 자유로운 능동적 선택의 결과라고 보았다. 모든 인간은 자신의 과거와 현재 생활 상태를 정확히 인식할 수 있기 때문에 자신의 삶과 미래를 능동적으로 선택할 수 있다. 즉, 인간은 선천적으로 타고난 성장가능성을 실현하는 과정에서 자신의 인생 목표와 행동 방향을 스스로 결정하고 이러한 결정에 따르는 책임을 수용하는 자유로운 존재로 규정하고 있다.

이러한 개인의 능동적 선택을 연극의 틀과 기법에 이용한 심리 요법으로 사이코드라마(Psychodrama) 또는 심리극(心理劇)이 있다. 내담자가 안고 있는 문제에 대해 연기, 즉 행동을 통해 이해와 해결을 목표로 하는 집단정신 요법으로 창시자는 제이콥 모레노(Jacob L. Moreno, 1889~1974)이다. 그는 이를 '진실의 극장(The Theater of Truth)'이라 표현하면서 '연극적 방법을 통해 인간존재의 진실을 조명하고 인간이 처한 환경의 현실적인 측면을 탐구하는 과학'이라고 설명하였다.

연극의 주제가 사적인 문제를 취급할 때만 사이코드라마라고 하고, 공적인 문제를 주제로 할 때는 소시오드라마(Sociodrama)라고 한다. 사이코드라마는 보통 무대와 주인공, 보조자, 연출자 그리고 관객으로 구성되며 3단계로 이뤄진다.

첫 번째 단계인 '워밍업'에서는 게임 등으로 참여자들이 긴장을 깨고 자발적으로 드라마에 빠질 수 있도록 하며 주인공도 뽑는다.

두 번째는 주인공이 자신의 문제를 무대 위에서 행동으로 옮기는 '액팅'으로 사이코드라마 그 자체다. 주인공은 연출자의 지도에 따라 다양한 상황을 행위하며 죄의식, 원한, 두려움, 갈망 등의 억압된 감정들을 표현하게 된다.

세 번째는 참여자와 관객이 드라마를 통해 경험한 감정들을 서로 나누는 '쉐어링' 단계다.

이러한 사이코드라마는 정신분석학에서 환자의 심리적 치료를 위해 널리 사용한다. 예정된 줄거리 없이 등장인물이 무대 위에서 즉흥적으로 연기하는 과정에서 억압을 해소하고 무의식을 깨닫게 되는 등 일정한 치료효과를 노릴 수 있다. 분석자(Analyst)와 피분석자(Analysant) 간의 전이(Interference)와 역전이를 통해 이루어지는 정신분석이 의사-환자의 주종관계에 의한 일방향적 소통이라면 사이코드라마는 맡은 역할에 의해 자유롭게 전개되는 쌍방향적 소통이다.

분석자와 피분석자의 역할 또한 교환될 수 있으므로 환자 스스로에 의한 치유가 가능하다.

푸드심리상담에서는 이러한 사이코드라마에 핫바(어묵, 소세지)를 활용할 때가 많다. 핫바는 생선살을 으깨어 밀가루, 야채, 소금 등으로 함께 반죽하여 튀긴 음식인 것은 보편적으로 많이 알고 있다. 보통 핫바하면 떠오르는 추억이 휴게소, 여행, 출출함 등이기에 여행의 신남, 즐거움 등을 연상시킬 때가 많으며 개인 취향에 따라 다르지만 맛있다는 표현 또한 많이 한다. 보통의 경우 휴게소에서 어떤 핫바를 먹을지 고민을 많이 한다. 가족들끼리 각자 취향에 따라 핫바를 구매하지만 자기가 산 핫바 맛과 가족이 산 핫바 맛 또한 궁금해하는 건 한 번쯤 경험을 하였을 것이다. 필자가 바라보는 입자에서는 '자신이 선택한 것에 만족을 하면 좋지만 다른 선택을 하면 어떻게 되었을까?' 하는 선택의 상황이 생긴다. '속담에 남의 떡이 더 커 보인다'라는 말이 적절하다고 생각한다. 이에 푸드심리상담에서 핫바를 접근 매체로 쓰는 이유이기도 하다. 핫바는 다른 사람의 입장과 나의 입장에서 오는 차이점을 이해하고 소통을 잘하기 위한 하나의 매체로 핫바를 활용하여 인형극을 표현하는 방법이다. 내담자와 친밀한 관계를 하는 사람과 인형극을 하거나 갈등을 가진 사람과도 인형극을 하는 방법 등 여러 방법으로 접근을 할 수 있다. 이때 내담자와 친밀한 관계를 유지하고 있는 사람과 인형극을 할 때와 갈등이 있는 사람과 인형극을 할 때의 언어 선택이나 감정의 변화, 대처 방법, 행동적인 부분을 직접 표현하는 것보다 핫바로 표현할 때 더 자연스럽게 표현을 할 수 있다는 강점이 있다. 그리고 인형극을 하기 전 핫바에 상대방에 대한 표현을 내담자가 직접 하면서 타인에 대한 감정들을 스스로 인지를 하고 인형극을 할 때 감정 몰입에 있어 더 효과적이라는 것을 알 수 있다. 예를 들자면 필자의 상담의 경우 자신을 괴롭히는 친구가 있는데 그 친구를 표현할 때 날카로운 손, 가두고 싶은 감정, "하지 마"라고 말하고 싶지만 말하지 못한 행동들, 친구와 잘 지내고 싶은 감정들이 핫바 매체를 표현할 때 몰입을 한다는 점과 그 몰입을 연장선상에서 인형극으로 바로 연출하면 내담자 스스로가 알아차리기가 용이하다는 것이다. 상담사는 핫바를 표현하기 전 내담자의 행동과 표현을 하는 동안의 행동과 얼굴 표정, 매체 선택의 갈등과 고민을 주의 깊게 관찰해야 한다고 생각을 한다.

내담자가 핫바로 감정을 표현하고 인형극을 진행한 후 관찰자 입장과 내담자의 입장에 대한 피드백을 할 때 내담자의 행동과 표정 또한 상담사가 잘 관찰을 한다면 매우 중요한 정보를 얻을 수 있으며 내담자에게도 바로 직면을 할 수 있는 상담이 가능하다. 상담회기에 맞추기 위해 만약 내담자가 직면할 준비가 되어 있지 않다면 내담자 스스로 알아차리기를 한다.

상담사의 필수조건 중 내담자를 존중하는 것이 있다. 내담자가 준비되어 있지 않은 상태에서 상담사 마음이 바빠 성급하게 직면을 유도하면 안 된다. 내담자의 상태에 따라 알아차리까지 한다 하더라도 상담사는 기다려야 한다.

핫바 매체로 집단상담을 할 때는 많은 역동이 일어나는 것을 알 수 있다. 관찰자 혹은 관객 입장에서 해주고 싶은 말이 너무 많아 서로 싸우는 경우가 있는데 이때 상담사가 개입을 하거나 그 싸움마저 관찰하는 입장으로 바라보고 있어야 한다.

집단상담을 할 때는 조용한 집단이라도 인형극을 할 때 갑자기 역동이 일어나 당황스러운 돌발 상황이 생길 수 있다는 것을 준비된 상담사라면 미리 인지해야 한다.

2) 핫바를 활용하여 이상적 나와 만나기 인형극의 과정

준비물 핫바, 케첩, 머스터드 소스, 젤리 종류, 견과류, 색지, 과도, 도마, 접시 등

(1) 학습클리닉, 학업 중단 학생

① 내가 바라는 나의 모습은 어떤 모습을 하고 있을지 물어본다.

② 내가 성공을 하였다면 어떤 모습을 하고 어떤 환경에서 살고 있을지 물어본다.

③ 성공한 미래의 내가 현재의 나에게 하고 싶은 말을 하기 위한 생각을 하도록 한다.

④ 인터뷰 체험을 하도록 한다.

⑤ 인터뷰할 때 느낌으로 자신을 표현하도록 한다.

⑥ 자신에게 어떤 모습으로 살아가야 할지 인형극을 한다(인터뷰를 하여도 좋다).

⑦ 자신이 수정하고 싶은 행동과 생각을 수정하도록 시간을 준다.

⑧ 작품을 다시 재배열하도록 시간을 준다.

⑨ 이미지화한 작품으로 피드백을 한다.

⑩ 모든 작업이 끝난 후 청소를 하도록 한다.

(2) 갈등하고 있는 사람과 인형극하기

① 나의 모습은 어떤 모습일지 물어본다.

② 나를 불편하게 하는 상대는 어떤 모습을 하고 있을지 물어본다.

③ 나와 갈등하는 사람과 어떤 일들로 갈등을 하고 있을지 고민하도록 한다.

④ 나의 모습을 이미지화한다.

⑤ 갈등하고 있는 사람을 이미지화한다.

⑥ 두 사람이 갈등하는 예를 한 가지만 스토리를 짠다(갈등하는 모습을 그대로 표현하여
  도 됨).

⑦ 이미지화한 핫바를 활용하여 인형극을 하도록 한다.

⑧ 역할을 바꿔 다시 인형극을 한다.

⑨ 인형극을 하면서 자신의 감정과 상대의 감정 또는 기분을 나누기 한다.

⑩ 작품을 다시 재배열 하도록 시간을 준다.

⑪ 재배열한 작품을 보면서 다시 피드백을 한다.

⑫ 모든 작업이 끝난 후 청소를 하도록 한다.

집단치료 또는 개인상담으로 핫바 작업을 할 때 내담자가 표현하는 사람의 인원수를 맞춰 주면 더 효과적이다. 사람이 많아 표현을 다하지 못할 때 내담자의 행동적 관찰을 잘 살펴본다면 내담자가 먹고자 하는 욕구로 인해 많은 개수를 가지고 싶었는지 행동이 느려 표현을 다하지 못했는지 바로 관찰할 수 있다는 강점이 있는 매체이기도 하지만 인형극으로 접근하는 방법이라 내담자들이 말하고자 하는 속마음을 잘 펼쳐나가기도 한다.

다양한 매체를 준비한다면 표현이 더 풍부하게 된다. 케첩이나 머스터드 같은 매체는 액체 매체이기 때문에 표현을 할 때 힘들어할 수 있다. 액체매체로 표현할 때 내담자들의 행동적 관찰은 상담사에게 중요한 정보를 줄 수 있기 때문에 주의 깊게 관찰하길 바란다(현재의 나의 감정과 미래의 나의 감정에서 언급한 바가 있다).

3) 핫바를 활용하여 이상적 나와 만나기 인형극의 예시

다음 그림은 상담 중 내담자 작품과 집단치료, 학습클리닉, 푸드심리상담사 자격과정 워크숍 중 표현한 작품들이다. 빈칸에 어떤 소통을 하고 싶었는지 한 번 체크해보면 좋을 듯싶다.

(1) 초등학생

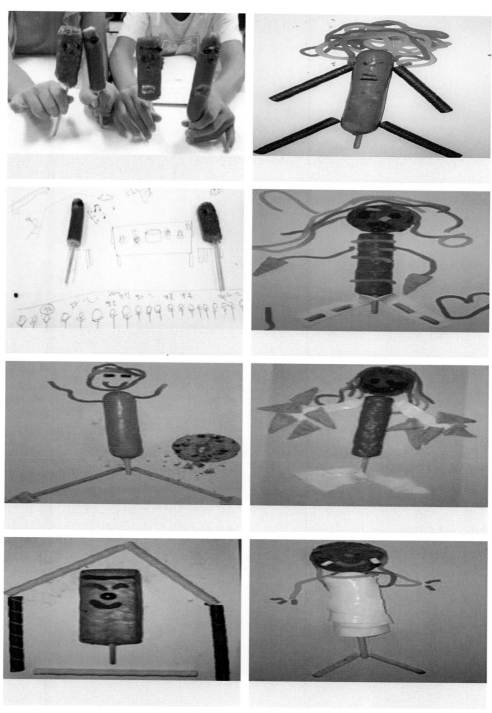

(3) 고등학생

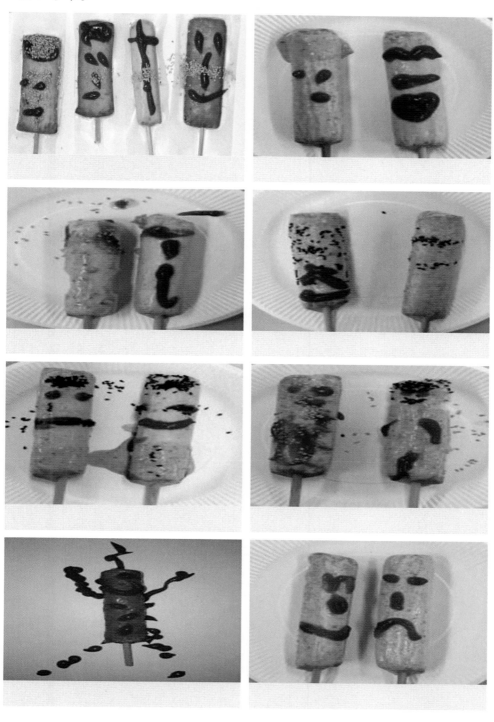

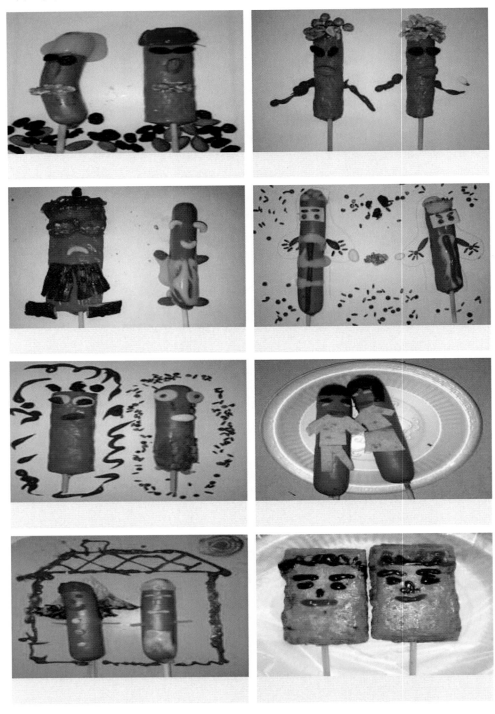

앞의 작품들을 보면 초등학생들은 푸드심리상담 접근을 할 때 핫바라는 매체를 아주 좋아하는 걸 알 수 있다. 하지만 집단상담을 할 때 상담사는 초등학생 중에 휴게소를 가 본 경험이 없는 이는 없을 거라는 편견을 갖지 않도록 주의해야 한다. 초등학생들 중 일부, 다문화 친구나 조부모와 함께 살아가는 일부 친구들은 휴게소라는 이름은 알지만 휴게소 문화를 모르는 친구도 있다는 것을 미리 인지하는 것이 아주 중요하다.

특히, 부모님의 방임하거나 조부모님이 나이가 너무 많아서 여행을 한 번도 못가거나 휴게소를 가 본 경험이 없는 아이가 있을 수 있다. 그래서 가족들과 여행을 간 경험을 주제로 삼거나 '우리가 휴게소에 간다면'과 같은 표현을 쓰는 것이 그 친구들에게 상처가 될 수 있다. 하지만 집단상담 전 아이들의 환경적인 요인을 미리 인지한 상태에서 예제로 말을 한다면 효과적이라고 말할 수 있으며 가족과의 소통을 얼마나 하고 있는지를 알 수 있다.

중학생, 고등학생들 상담을 진행할 때는 핫바를 조금은 여유 있게 준비하는 것이 좋다. 한참 먹는 시기이기도 하지만 유난히 핫바를 좋아하는 경우가 많아서 조금 넉넉하게 준비하는 게 수월한 진행을 위해 낫다.

대학생들은 핫바를 통해 연인들에게 아직 하지 못한 말들을 하거나 데이트 중 서운한 것들을 이야기하는 경우가 많았다.

핫바를 매체로 사용할 때 사이코드라마, 인형극, 미래의 자신이 현재의 자신에게 말하고자 하는 내용 등으로 상담을 진행하여도 좋다고 생각한다. 매체의 특성상 케첩, 머스터드, 견과류, 젤리 등 여러 가지 푸드매체를 준비한다면 풍부한 작품들로 내담자들이 보다 더 효능감을 느낄 수 있다. 갈등하고 있는 상대를 주관적인 입장보다는 조금 더 객관적인 입장에서 바라볼 수 있다는 점이 효과적이다.

사이코드라마를 할 때 직접 자신이 주인공이 되지 않아 덜 부담스럽기도 하지만 하고 싶은 말을 상대의 눈치를 보지 않고 조금 더 편안한 상태에서 내담자의 솔직한 심정을 말할 수 있다는 것을 직접 상담 사례에 적용해 본다면 알 수 있다.

필자는 학습클리닉에서는 핫바 매체를 가지고 미래의 자신이 현재의 자신에게 멘토로서 조언하거나 해 주고 싶은 말이 있으면 인터뷰 방식으로 말해 보라고 접근할 때가 있다. 물론 인터뷰를 할 때 다른 친구나 상담사가 방송기자가 되어 성공자에게 질문하는 방식을 쓰기도 한다. 이때 인터뷰를 받는 학습클리닉 학생들은 자세부터 달라지는 것을 알 수 있다. 여러 방송국 기자들이 미래의 자신에게 인터뷰 요청을 하는 것으로 상황극(狀況劇)을 만들어서 접근하는 방법인데 학습클리닉, 또는 집단상담을 할 때 학생들 나름 거울도 한 번 보고 자세가 반듯하게 하는 등 진지하게 인터뷰 요청에 임한다는 것이다. 인터뷰가 끝난 후 피드백을 할 때 학생들 대부분은 '처음 경험하는 일이라 많이 긴장되었다.' '너무 촌스럽게 대답을 한 것 같다.' '스스로가 무식하게 대답을 하였다' 등 조금 더 멋지고 친구들에게 잘 보이고 고급지게 대답하지 못한 것을 아쉬워했고 정말 인터뷰를 받는다면 많이 긴장은 되겠지만 행복할 것 같다거나 전 국민이 시청하고 있다면 지금 자신의 모습을 친구들과 선생님들께서 알고 있어 창피할 것 같아 자신의 나쁜 습관과 게으른 모습은 보이기 싫다는 대답을 많은 학생들이 했다.

핫바는 내담자와 상담사 목표에 따라 접근 방법을 조금씩 다르게 하고 있는 매체 중 하나이지만 매체의 짭조름한 맛으로 접근할 때 더 용이한 것 같다.

다음 챕터에서는 학습클리닉, 학업중단 학생들의 인터뷰에 필자가 쓰고 있는 유인물을 예제로 보여 주고자 한다. 다시 말하지만 내담자의 주 호소 문제에 따라 상담 목표와 내용을 수정하여 상담을 진행하기 바란다.

오늘의 뉴스

안녕하십니까? 오늘의 특보 _____씨의 성공에 대한 국민들의 사랑을 한 몸에 받고 있는 _____씨와 지금 인터뷰를 시작하겠습니다.

안녕하세요. 저는 _____ 9시 뉴스 _____ 기자입니다.

( )뉴스기자	안녕하세요. 인터뷰 요청을 받아주셔서 감사합니다. ( ) 요즈음 국민들에게 온몸으로 사랑을 받고 계시는데 소감을 여쭤보아도 괜찮을까요?	
성공자 ( )		
( )뉴스기자	( ) 이렇게 성공하실 때까지 가장 힘들었던 경험들을 말해 주실 수 있나요?	
성공자 ( )		
( )뉴스기자	( ) 네 그렇군요. 가장 행복했던 순간은 언제인가요?	
성공자 ( )		
( )뉴스기자	성공하기 위해 가장 중요한 것들이 많겠지만 3가지만 말씀해주세요.	
성공자 ( )		

오늘은 ( )으로 성공한 씨를 인터뷰하였습니다.
우리 학생들에게 많은 도움이 되었을 것 같습니다.
지금까지 9시 뉴스 기자 ( )입니다.

9. 김밥

1) 김밥 매체를 활용한 행복한 놀이터

　우리는 살아가면서 평온감과 안락함을 느낄 때 행복하다고 흔히 생각을 한다. 행복해지기 위해서는 우선 환경적으로 안정되고 자신을 위협하는 조건이 없어야 한다. 또한 이러한 행복을 유지하기 위해서는 늘 훈련이 필요하다고 말할 수 있다. 우리는 매사를 긍정적으로 보면 사고의 폭이 넓어지고 부정적인 생각이 줄어드는 것을 느낄 수 있다.

　마틴 셀리그만(Martin E. P. Seligman)에 따르면 긍정적 정서를 자주 경험하고 표현하는 사람들일수록 삶에 만족할 가능성이 높고 더 많은 양질의 대인관계를 형성된다. 생산적이며 높은 직업 만족도를 갖게 되고 다른 사람들에게 도움이 될 수 있는 행동을 증가시키며 인생에서 바라는 목표들에 도달할 가능성을 높인다. 나아가 긍정적 정서의 경험과 표현의 빈도가 높은 사람일수록 신체적으로 더 건강하고 병에 대한 저항력도 강하며 다른 이들보다 더 오래 산다고 한다.

　이는 끝없이 나열할 수 있는 긍정의 힘이다. 셀리그만은 생각을 바꿔 행복해지는 방법 10가지를 제시하였다.

　① 자신의 편견을 파악해야 한다.
　② 문제에 있어 쉬운 해결책을 찾아라.
　③ 모든 잘못을 내 탓이라고 단정 짓지 마라.
　④ 좋았던 일의 목록을 만들어라.
　⑤ 성공했을 때의 모습을 상상해라.

⑥ 주변 사람들과 기쁨을 나누어라.

⑦ 자신이 할 수 있는 한계를 정하라.

⑧ 최악의 순간보다 최상의 순간을 상상하라.

⑨ 낙천주의자라면 어떻게 했을지 생각하라.

⑩ 즐길 수 있는 목표를 찾아라.

필자의 경우 내담자가 자아존중감, 효능감이 낮을 때, 우울할 때 또는 기분이 지속적으로 불쾌할 때 자기가 행복했던 순간을 기억하여 행복한 감정을 유지하도록 안내를 한다. 행복한 삶, 긍정적인 삶을 만들기 위해서는 타인의 도움, 외부의 도움보다는 자신의 의지가 훨씬 중요하다는 말이다.

〈긍정심리자본을 구성하는 4가지 요소(자기효능감, 희망, 낙관주의, 복원력)〉

긍정심리자본은 마냥 행복한 마음 상태만을 의미하지 않는다. 이는 도전적인 과업에 성공하기 위해 필요한 자신감(자기효능감, Self-efficacy)을 갖고 있고, 목표를 향한 경로를 설정하고 설정된 경로를 실현에 옮기고자 하는 의지(희망, Hope)에 충만하고, 현재와 미래의 성공에 낙관적이며(낙관주의, Optimism), 문제나 역경에 직면했을 때 좌절로부터 원래의 상태로 되돌아오거나 오히려 그것을 뛰어넘는(복원력, Resiliency)을 가진, 개인의 복합적인 긍정적 심리상태로 정의된다.

과연 푸드심리상담에서는 어떤 긍정적인 힘을 발휘할까?

어린 시절부터 현재까지 우리의 무의식과 경험에서 김밥이라는 매체는 소풍이라는 이미지가 그려진다. 아동기부터 노인까지 소풍은 수업을 하지 않고 야외에서 휴식을 취하거나 즐기는 문화를 의미한다.

다들 소풍 전날부터 소풍을 마친 후까지 즐거운 기분이 지속됐던 경험을 가지고 있을 것이다. 필자는 소풍 전날부터 자신을 위해 미리 김밥 준비를 하는 부모님의 모습에서 자녀들은 자신의 존재가 소중하다는 사실과 관심을 받고 있다는 충만함을 느꼈다고 본다. 지금 생각해 보면 엄격한 선생님도 소풍날만큼은 규칙에 대해 엄하지 않았으며 친구들의 장기자랑으로 새로운 면을 보는 날이기도 하지만 무엇보다 자연에서 치유하는 시간이었기에 더 행복했을 거라는 생각이 든다.

푸드심리상담에서 김밥 매체는 충만한 긍정심리자본을 구성하는 4가지 요소를 다 충족한다고 생각한다. 자신이 가장 행복했던 순간들 목록들을 정하고 그 순간들을 표현하여 내담자 스스로 행복한 순간들을 유지하도록 하는 게 김밥이라는 매체가 접근하는 방법이다.

2) 김밥 매체를 활용한 행복한 놀이터 과정

준비물 김밥 재료, 밥, 햄, 단무지, 각종 채소, 과일, 색지, 과도, 도마, 접시 등

① 2~3분 정도 긍정적인 나의 생각, 행복했던 순간들에 머물기에 대한 이론적 내용을 안내한다.
② 내가 가장 행복했던 순간이 언제인지 탐색한다.
③ 소풍(현장학습) 전날, 소풍 가는 날에 기분은 어떤 변화가 있었을지 예시를 물어본다.
④ 자연 풍경, 바람, 햇살, 향기, 웃음소리 등을 불러오도록 안내한다(행복했던 순간의 이미지가 계속 머물도록 긍정적인 피드백을 한다).
⑤ 자신이 가장 행복했던 순간들을 김밥 매체를 활용하여 표현하도록 한다.
⑥ 표현한 작품의 제목을 정하도록 한다.
⑦ 내담자가 작품에 대한 이야기를 할 수 있도록 충분한 피드백을 한다.
⑧ 모든 작업이 끝난 후 청소를 하도록 한다.

집단치료 또는 개인상담을 할 때 김밥 재료로 매체를 다양하게 준비한다. 김밥을 싼다는 개념이 아니라 검정 김이 캔버스가 된다는 의미로 해석을 하여도 무방하다. 내담자가 꼭 김에 표현을 하고 싶지 않다고 할 경우 이를 허용하여 자유롭게 표현하도록 하는 것도 좋은 방법이다. 다만 상담을 하면서 내담자의 행동적 관찰에서 중요한 사실들을 찾으면 된다. 그중 밥을 만질 때 내담자의 행동적 관찰을 유심히 하여야 한다.

밥이라는 매체는 우리나라 정서에서 기본이고 가장 흔하다는 인식을 하고 있는데 밥의 특징은 만지면 끈적끈적한 매체로 변화가 시작된다. 이때 내담자들이 끈적거림을 불편해하는 경우가 종종 있다. 밥이 주는 느낌에 대한 질문과 피드백을 한다면 상담의 효과가 있다는 것을 상담사는 미리 인지하고 있어야 한다.

밀가루 작업을 할 때도 끈적거림을 아주 불편해하는 사례를 앞서 말한 바 있다.

푸드매체에서 가루 종류와 밥, 해조류 등은 내담자가 갈등 상태가 되었을 때와 비슷

한 행동과 정서를 형성한다는 것을 알 수 있다.

다시 말하자면 끈적거림을 불편해하는 내담자들은 갈등이 생겼을 때 빨리 해결하길 원하고 기다리는 것을 잘하지 못한다. 물론 모든 내담자가 그렇다는 것은 아니기 때문에 상담사는 내담자에게 피드백을 하면서 그러한 현상들을 알아차려야 한다.

주의할 점은 칼을 조심해서 다뤄야 한다는 점이다. 안전에 대한 설명은 여러 번 해도 지나치지 않다.

김밥매체 재료

3) 김밥 매체를 활용한 행복한 놀이터 예시

다음 작품은 상담 중 내담자, 집단치료, 학습클리닉, 부모교육, 다문화, 푸드심리상담사 자격과정 워크숍 중 표현한 작품들이다. 빈칸에 어떤 상태가 가장 행복했던 순간인지 한번 체크해 보면 좋을 듯싶다.

(1) 유아

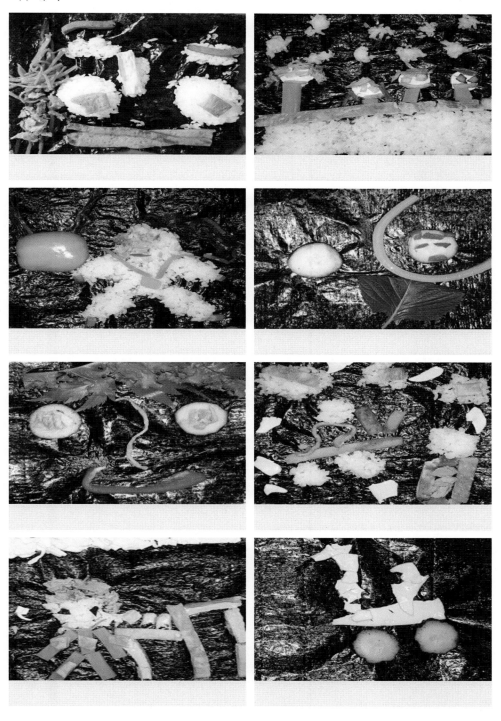

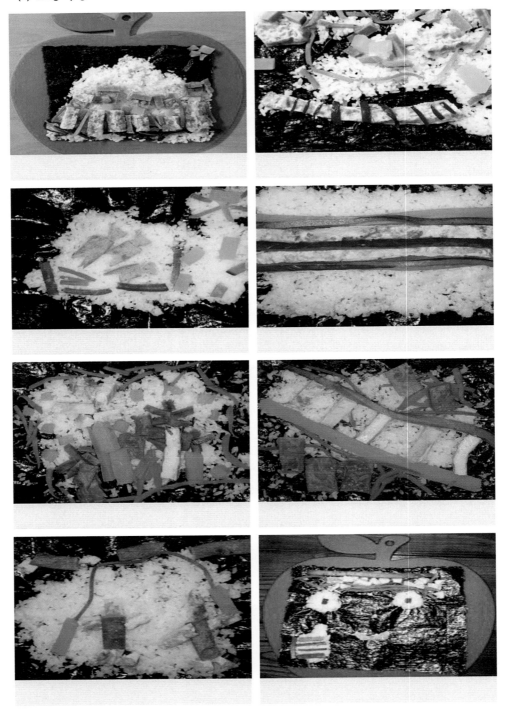

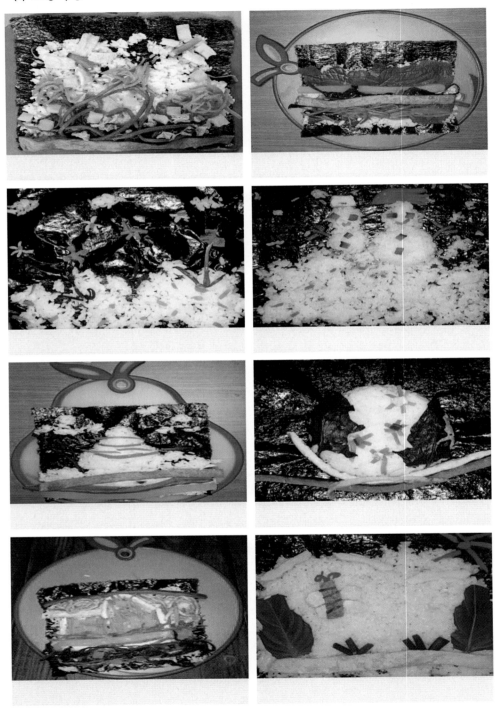

(5) 대학생

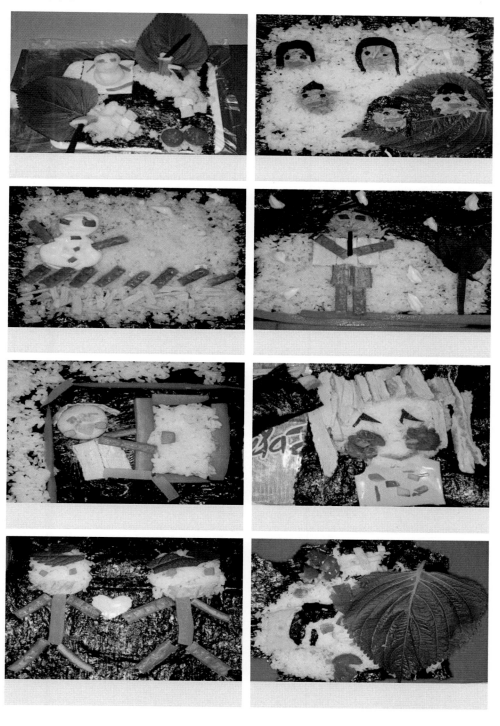

(7) 다문화 가족

앞의 작품은 유아에서 성인까지 다양한 이들이 만든 것이지만 이들이 모두 프로그램을 통해 자기효능감, 희망, 낙관주의, 복원력 등을 회복했다는 것을 알 수 있었다.

위의 사례들을 살펴본다면 아동과 초등학생들의 내담자들은 현장학습을 가기 전 부모님께서 자신을 위해 마트나 시장에서 점심과 간식을 준비하는 모습들을 인지하고 있었다. 현장학습 도시락을 위해 미리 준비하는 부모님의 모습을 보면 잘 모르지만 기분이 좋다는 대답을 많이 하는 것을 알 수 있었다.

중학생, 고등학생들의 경우 일부 유아부터 초등학생들이 말하는 것과 일치하는 부분이 있고 특히 수업을 안 해서 좋다는 말을 한다. 소풍 가기 전날은 선생님들께서 미리 안전에 대한 이야기를 많이 하시지만 당일은 자유로운 시간을 많이 주는 것 같고 화를 많이 내지 않으려고 노력하는 모습을 많이 보여줘 행복하다는 말을 하였다. 그리고 자연환경에서 계절을 시각적으로 느낀다는 것을 알 수 있었다. 특히 중3부터 고등학생들은 자연의 변화에 대해 주변인의 옷이 변하는 것 외에는 잘 인지하지 못하고 있다는 것을 알 수 있었다. 매일 반복되는 학교생활과 학원, 공부에 대한 스트레스로 인해 계절에 맞춰 옷을 입으라고 부모님께서 말씀하시거나 자신이 불편함을 느낄 때 외는 잘 인지하지 못하는 경우가 많아 안타까운 현실이다.

대학생 내담자들은 현장학습 가는 날과 대학교 합격했던 날, 대학교 입학식 전까지의 기간, MT 가기 전날, 눈 오는 날 연인과 함께 보낸 시간, 어린 시절 부모님과 눈사람 만들기 한 시간, 첫 키스하는 날 등이 행복했다고 말했다. 그들이 이런 순간들을 표현할 때 행복한 표정을 하고 김밥매체를 만지는 것을 보았다.

성인들이 가장 행복했던 순간들은 더 다양하다. 앞서 유아부터 대학생들이 말한 소풍가는 전날과 소풍가는 날, 첫키스 할 때 신혼 첫날, 결혼식, 출산할 때, 밥을 풀 때, 가족들이 밥상에 앉아 다 같이 음식을 먹을 때, 어릴 때 부모님이랑 목욕 후 바나나 우유 마시면서 목욕탕에서 나올 때 등 행복한 기억들이 많았다. 그중에서 여성 성인 내담자들은 임신을 하였을 때 마음대로 음식을 먹었던 것과 모유 수유를 할 때 가장 행복했었던 것 같다고 한다.

아이와 눈 맞추기, 수유 중 체온 느끼기, 내가 이 아이의 엄마라는 느낌, 아이에 대한 사랑을 느낄 때 등 어릴 때 자식을 보는 매 순간들이 행복한 시간이었다는 말들이 대다수였고 임신 중 마음대로 먹는 것은 임산부의 특권으로 다이어트 걱정 없는 행복한 순간들이라고 말들을 하였다.

 필자는 여러 집단상담들 중에서 장애인 부모 집단상담의 경우에 대한 이야기를 하고 싶다. 장애인 부모님들의 집단상담을 할 때 초록색 종류의 상추, 깻잎, 오이 등을 많이 사용하여 표현하는 경우를 많이 보았다. 피드백 시간에 보면 장애인 부모님은 늘 긴장되어 있고 위축되어 있다는 것을 스스로 인지하지 못하고 있다는 말을 한다. 늘 피곤하고 여유를 가질 시간이 없다는 것을 인지하지 못한 상태로 아이들 양육과 생활에 최선을 다하고 있다는 것을 알 수 있었다. 장애 부모님들의 경우 병명 없이 너무나 아픈 경우가 나타나는 것을 우리는 종종 볼 수 있다. 부모님들이 신체화되었다는 것을 부정하지만 상담을 진행하면서 스스로 인정하는 경우를 본다. 경제적인 여유와 시간적인 여유가 있는 부모님들은 개인상담을 신청하시지만, 정반대의 경우는 악순환이 되고 있는 것을 인지한 장애인 부모님들이 집단상담 요청을 하는 경우가 대다수이다. 요즈음 장애인 부모님들은 느티나무부모회, 장애인복지관 등에서 활발하게 집단 요청을 많이 한다. 필자는 장애친구보다 비장애인 형제 또한 상담을 진행하는 것이 더 효과적이라는 말을 하고 싶다. 형제 중 장애인이 있다는 것은 가족 입장에서는 많은 스트레스를 받을 수밖에 없는 요인이다. 필자가 비장애인 형제 집단상담을 진행할 때 장애 형제가 있어 돌발상황이 생길 수 있다는 것과 타인들의 불편한 시각이 있을 수 있다는 부분을 이성적으로는 인지하지만 유아기 때부터 현재까지 장애 형제로 인해 많은 스트레스를 받고 있었고 힘들어하는 내담자들을 많이 보았기 때문에 언급하는 바이다. 부모님들은 장애를 가진 자식에게 보통 많은 시간과 에너지를 집중한다. 장애인 부모님들은 정상적인 자식은 나중에 꼭 잘 챙겨 줄 것이고 사랑하는 마음은 많다고 생각하는 오류를 범한다. 장애인 부모님들이 늘 정상적인 자식에게 미안한 마음을 가지고 있고 더 신경을 써야 된다는 것은 인지하지만 환경적으로 표현하는 것은 힘들다. 양가감정을 인정하지 않는다는 것은 아니다. 하지만 정상적인 자식을 위해서 자식에 대한 관심과 사랑을 전하는 것 또한 타이밍을 놓친다면 정상적인 자식마저도 힘든 상황으로 갈 수 있다는 것은 명심해야 한다고 말하고 싶다. 비장애 형제들을 집단상담을 할 때 부모님께서 너무 힘든 상황이라는 것을 인지하고 있기 때문에 자신들이 하고자 하는 말을 못하는 경우가 많고 정말 부모님이 필요해서 찾지만 그렇지 못하는 상황이 반복되고 있어 자신이 하고자 하는 말과 감정 표현을 스스로 하지 않을 때가 많다는 말을 필자에게는 솔직하게 말을 하였다. 지금 상황도 부모님께서 충분히 힘든 상황인데 자신들이 부모님께 말을 하거나 표현을 하면 더 힘들어하실 것 같아서 못한다는 말들이 안타까웠다.

〈신체증상장애(Somatic Symptom Disorder)〉 [8]

1. 진단 기준

1) 고통스럽거나 일상에 중대한 지장을 일으키는 하나의 신체 증상이다.

2) 신체 증상 혹은 건강 염려와 관련된 과도한 생각, 느낌 또는 행동이 다음 중 하나 이상으로 표현되어 나타난다.
   ① 증상의 심각성에 대한 편중되고 지속적인 생각
   ② 건강이나 증상에 대한 지속적으로 높은 단계의 불안
   ③ 이러한 증상들 또는 건강 염려로 인한 과도한 시간과 에너지 소비

3) 어떠한 하나의 신체 증상이 지속적으로 나타나지 않더라도 증상이 있는 상태가 지속된다(전형적으로 6개월 이상).

2. 진단적 특징

전형적으로 여러 가지 현존하는 신체 증상을 호소하며, 이는 고통스럽고 일상에서 중대한 지장을 초래하지만 때로는 단지 하나의 중증의 증상, 가장 흔하게는 통증이 나타나기도 한다. 증상들은 특이적(예 국부적 통증)이거나 상대적으로 비특이적(예 피로)일 수 있다. 증상들은 때로 정상신체 감각 또는 일반적으로 심각한 질환을 의미하지 않는 불편감을 나타낸다. 분명한 의학적 설명으로 설명할 수 없는 신체 증상만으로는 이 진단을 내리기에 충분하지 않다.

의학적으로 설명으로 설명이 되든, 되지 않든 환자의 고통은 확실한 것이다.

---

8   APA 저, 권준수 역, 『DSM-5 정신질환의 진단 및 통계 편람』, 학지사, 2015.

10. 식빵

1) 식빵을 활용한 나만의 안전지대

사람마다 자신이 가장 편안한 상태를 유지하고 싶어 하는 안전의 욕구가 있다.

이 안전의 욕구는 매슬로의 욕구 5단계 중 2단계에 속한다. 1차 욕구는 생리적인 욕구(식욕, 성욕, 수면, 배설 등의 욕구), 2단계는 안전에 대한 욕구(위험, 고통으로부터의 안정, 신체적, 감정적 안전의 욕구)이다.

푸드심리상담에서 안전지대는 어떤 스트레스나 위험, 재해가 없는 지대를 말한다. 3단계는 소속감과 애정의 욕구(애정, 친화, 타인과 관계, 인정, 단체소속의 욕구), 4단계는 자아존중의 욕구(존경, 지위, 명예, 권력, 성취 욕구), 5단계는 자아실현의 욕구(자기완성, 삶의 보람 등의 욕구)로 매슬로의 욕구 5단계 이론에서 나만의 안전지대는 2차 욕구인 안전에 대한 욕구를 충족한 영역으로 해석된다.

사람이 살아가면서 1차 욕구가 해결되지 않고 5차 욕구까지 도달하기는 힘들다는 것은 누구나가 인지하고 있는 부분이다. 나만의 안전지대에서 하고자 하는 상담 접근 방법은 자신만의 안전지대를 찾고 안전한 상태를 유지하기 위한 상담기법이다. 남녀노소 각자가 살아온 경험을 통해 자신이 가장 편하고 안전한 상태로 있을 때 심리적인 안정감을 찾는 것은 알 수 있다. 학생이 학교에서 친구와 갈등하거나 공부로 인한 스트레스를 받을 때 어디로 가면 자신이 편히 쉴 수 있는지를 찾는다. 물론 성인들의 경우 사회생활에서 힘듦이 있을 때 자신이 가장 먼저 생각나는 사람과 장소가 있다.

보통의 경우 유아기부터 고등학생들은 부모님의 품이나 집을 안전지대라 많이 이야기하지만 중학생 중 의외의 장소를 말하는 경우가 종종 있다. 성인의 경우도 대부분 가족과 집을 안전지대로 생각은 하지만 의외의 장소나 시간을 이야기할 수 있으니 상담사는 이러한 예외를 망각하면 안 된다.

누구나가 자신만의 안전지대가 하나쯤 있다. 필자의 경우 외할머니의 무릎과 겨울철 벼농사가 끝난 후 쌓아 둔 볏짚 속과 장롱의 큰 이불 속으로 기억하고 있다.

외할머니께서 계셨다면 아마도 그 소녀의 편이 되어 어머니, 아버지께 혼나는 일이 없을 것인데 그 소녀가 혼이 날 때는 외할머니께서 외출하신 날이었다. 아마도 어머니께 혼이 나면 겨울에는 엄마의 잔소리와 부정적인 피드백이 싫어 울면서 집 밖으로 간 곳이 볏짚 속이었을 것이다. 거기 들어가 울다가 어머니께서 이름을 부르고 찾을 때쯤이면 안심하고 볏짚 속에 있노라 알렸던 것으로 기억을 한다.

너무 늦은 시간이면 장롱 속에 들어가 큰 이불 속에서 울다가 잠이 든 기억도 있다. 부모님은 아이가 없어져 놀라 이름을 부르며 찾으시고 외할머니께서는 그 소녀가 어디에 있는지 찾아 그 소녀의 부모를 야단을 치시고 외손녀를 씻겨 꼭 안고 잠들게 하셨다. 그 외할머니 품과 겨울 볏짚, 장롱 속 큰 이불이 안전지대였던 것이다. 지금 필자는 자식들이 어떤 안전지대를 가지고 있는지를 관찰하는 습관이 있다. 자식들의 안전지대는 자신의 침실과 부모님의 침실 그리고 책상, 또는 서재에서 책을 보고 있는 장소로 보여 질문을 하니 잔소리가 제일 없는 곳이며 가장 편한 장소라고 말한다. 시대에 흐름에 따라 우리 아이들의 안전지대가 우리가 성장할 때와는 많은 변화가 있다는 것을 알 수 있다. 중학생들의 안전지대는 어른들이 생각하기 힘든 장소와 환경들을 종종 이야기하니 차후 안내할 것이다. 지금 청소년들의 안전지대가 어디인지 미리 생각해 보면 더 좋을 것 같아 언급하는 바이다.

안전지대는 개인만의 안전지대로 부모님과 소통을 할 때 아이들의 안전지대가 어디인지 한 번쯤 인지하고 있다면 힘든 시기에 가족 구성원 간의 원활한 소통에 많은 도움을 줄 것으로 생각된다.

2) 식빵을 활용한 나만의 안전지대 과정

준비물 식빵, 햄, 삶은 달걀, 각종 채소, 마요네즈, 과일, 색지, 과도, 도마, 접시 등

① 2~3분 정도 안전지대에 대한 이론적인 내용을 안내한다.

② 내가 가장 안전하다고 느꼈던 순간이 언제인지 탐색하기(상담사의 예제를 노출해도 좋다).

③ 안전지대에 필요한 매체들을 내담자 스스로 탐색하도록 한다.

④ 자신의 안전지대에 대한 이미지를 작품으로 표현하도록 안내한다.

⑤ 내담자가 매체를 사용할 때 어떤 행동을 보이는지 잘 관찰하도록 하고 조용히 표현하도록 한다.

⑥ 표현한 작품의 제목을 정하도록 한다.

⑦ 내담자가 작품에 대한 이야기를 할 수 있도록 충분한 피드백을 한다.

⑧ 모든 작업이 끝난 후 청소를 하도록 한다.

3) 식빵을 활용한 나만의 안전지대 예시

다음 그림은 상담 중 내담자 작품과 집단상담, 학습클리닉, 푸드심리상담사 자격과정 워크숍 중 표현한 작품들이다. 빈칸에 어떤 상태가 가장 안전지대였는지 한번 체크해보면 좋을 듯싶다.

(1) 유아

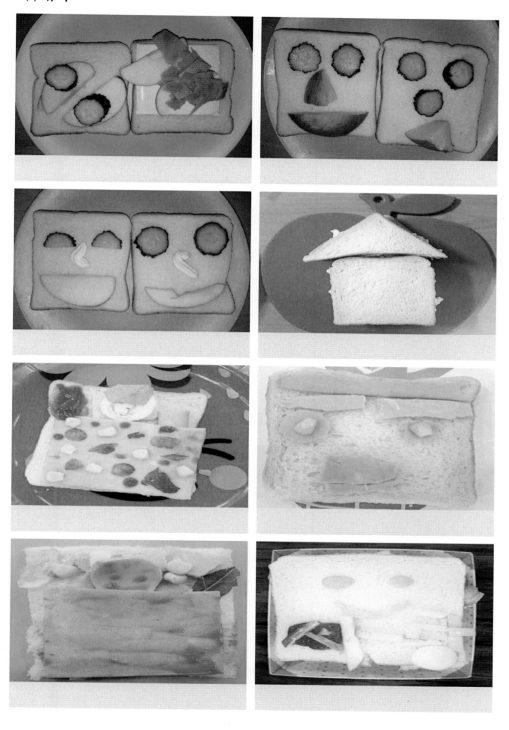

(4) 고등학생

푸드심리상담치료의 이해와 사례

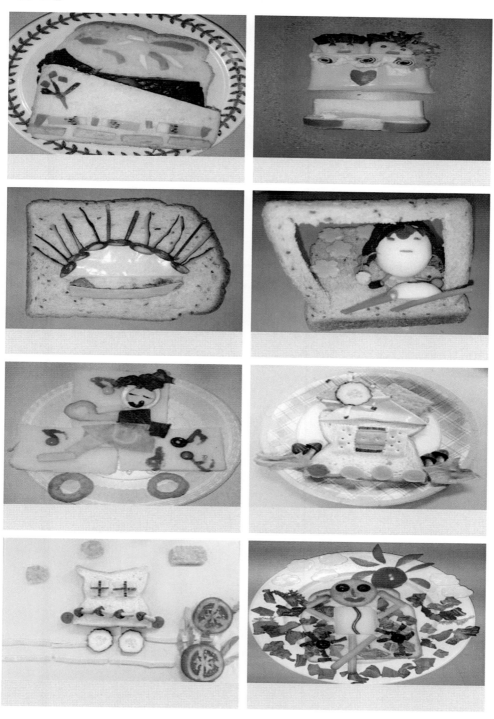

(6) 가족 집단상담

내담자를 만날 때 상담사는 자신의 입장에서 생각을 하거나 판단을 하면 안 된다는 것을 항상 숙지하려고 노력을 한다. 하지만 상담 중 자신도 모르게 상담사의 입장에서 안내를 하거나 자신의 생각이 합리적이고 객관적이라고 생각하는 오류를 범한다. 여기서 중요한 것은 상담사의 입장에서 생각을 하고 있는 것을 모르는 부분이 더 큰 문제인 것이다.

나만의 안전지대를 할 때 생각 못한 안전지대와 그 장소와 시간이 안전지대인 것에 놀라는 곳이 많기 때문에 한 번 더 언급을 하는 것이다.

유아기부터 초등학생들은 집 또는 부모님, 책상 밑, 이불장, 옷장 등으로 대답을 많이 하는 편이지만 역동이 많은 중학생들은 다르다는 것이다. PC방은 한번 생각을 하였을 것이고, 공중화장실, 아무도 없는 공중목욕탕에 동성친구와 함께, 텅 빈 학교, 모텔, 선배 자취방, 여자친구 집 등을 말하기도 한다. 물론 사춘기 모든 학생들이 다 그렇다고 할 수 없다는 부분을 인지해야 한다. 앞에 언급한 장소 시간들은 필자가 상담한 예제임을 한 번 더 언급하는 바이다.

상담을 받으러 온 한 여중생의 경우 동성연애로 부모님이 강압적인 상담을 진행시킨 케이스였다. 필자는 강압적인 상담을 하지 않으려 한다. 상담을 오기 전 보통의 경우 부모님들께서 상담실에 대한 탐색과 상담사에 대한 정보를 얻고 필자에게 상담을 오는 경우가 많다. 부모님은 학교 친구와 크게 싸워 학업 중단, 학교 거부 등으로 여러 가지 핑계를 만들어 찾아오신다. 현 시대에 살고 있는 대부분의 부모님과 선생님들은 동성연애에 대한 부정적인 시각을 가지고 있다. 물론 필자도 권하고 싶지 않지만 왜 동성연애를 하는지에 대한 관심을 더 가져야 한다고 본다. 필자가 만난 성인 성소수자들과 상담을 할 때 어린 시절 보통의 경우 결핍이 많았다는 것을 알 수 있었다. 그리고 정신과 상담을 한 경험들이 많았다고 한다. 성소수자들의 집단상담 요청이 있어 집단상담을 진행할 때 공통으로 나오는 말들이 주변의 부정적인 시선으로 더 음지를 찾거나 소중한 목숨을 잃는 친구들이 많다는 이야기를 하는 것을 듣고 심각성을 한 번 더 인지했다. 누구의 잘못도 아니라는 것과 결핍으로 오는 선택과 기질적인 부분도 무시할 수 없음을 알게 됐다. 물론 필자의 생각이 올바르다거나 틀리다는 걸 이야기하고자 이 부분을 말하는 것은 아니다. 청소년들 나름 성소수자, 동성연애, 게이, 트렌스젠더 등에 관한 정보를 많이 수집하는데 올바른 정보보다는 인터넷을 통한 짧고 좁은 시각적 입장으로 접근하는 경우가 많고, 유튜브에 나오는 사례를 접하면서 "나는 동성연애자다"라는 말을 쉽게 한다. 성인 성소수자들에게 지금 중학생들의 동성연애 사례를 질문을 하였을 때 아주 심각하였으며 질문에 대한 토론이 아주 진지하고 피드백을 해 주고자 애쓰는 것을 느낄 수 있었다. 성인 성소수자들은 자신이 선택한 삶에 대한 불편한 현실을 먼저 이야기하였으며 가족들의 시선과 타인들의 부정적인 시선에 대한 말을 얘기해줬고, 어쩌면 꾸준한 상담을 받았더라면 선택이 달라졌을 수도 있었을 거라는 후회가 더 많다는 대답들이었다. 그리고 성인 성소수자들은 동성애에 관심이 많은 지금 청소년들에게 조언을 하고 싶다는 말들을 하였다. 한 번 더 성전환 수술 또는 동성연애 등에 있어 신중한 선택을 하여야 한다고 꼭 기회가 되면 자신들이 한 말을 한 번이라도 언급을 해달라고 요청하였다. 필자가 만난 내담자 여중생의 경우 상담을 하는 과정에서 스스로 답을 찾은 경우인데 이성 남성에게 관심을 받지 못하거나 거절을 많이 당했거나 성적 호기심으로 동성으로부터 보상받고자 하는 심리에서 시작되었다고 했다. 이성 친구들에게 관심받고 싶고 사랑을 받고자 하지만 거절당하고 심한 부정적인 말을 들은 기억으로 인해 동성 친구에게 성적인 관심을 가지게 되었으며 그것이 사랑이라는 오해를 했다는 것이다. 보통의 경우 상담 도중 자신이 동성애자가 아니라는 것을 인지는 하였다. 하지만 여기서 상담사가 한 번 더 생각하고 더 깊이 공부를 하여야 하는 부분은 정말 청소년 때 성소수자가 될 수 있다는 것이다. 비합리적인 사고를 함으로써 기질적인 부분과 일시적인 동성에 대한 성적인 호기심인지를 상담할 때 상담사가 어떤 안내를 할 수 있을지는 고민할 부분이라고 생각이 든다. 물론 청소년기에는 친구 관계가 아주 중요하고 자아정체성과 역할 혼돈의 단계로 성역할에 대한 부분에 있어 학교 교육을 받거나 부모님 또는 전문 성상담사를 찾아 교육을 받아야 한다. 하지만 현실에서는 너무나 소셜 미디어(Social Media)가 잘 발달되어 있어 잘못된 정보와 얄팍한 지식을 믿는 청소년들이 많다는 것 또한 한 번쯤 생각해 보아야 한다.

상담사 역시 조금 더 깊이 있는 공부를 위해 최근 발표된 논문이나 통계자료들을 잘 살펴보는 것이 개인의 성장을 위해서도 좋다.

〈성 발달 장애(Sexual Development Disorder)〉[9]

아동기의 성과 관련된 문제는 1970년대 이후부터 현재에 이르기까지 아동성폭력, 성적 정체성 장애, 동성애 등의 문제가 사회적, 정치적 관심을 불러일으키면서 소아정신의학 분야에서도 다뤄야 할 중요한 부분으로 대두되어 왔다. 인간의 성에 대한 역사는 인류의 역사만큼이나 오래되었다. 성 행동 또는 성적 활동은 인간의 본능에 근간을 두고 있지만 정치적, 문화적, 경제적, 사회적, 종교적, 의학적 요소들에 의해서 영향 받는다.

성 발달(sexual development)은 몇 가지 발달적 요소로 구성되어 있다. 첫째, 정신성적 발달(psychosexual development)로서 이것은 인격 형성에 영향을 미친다. 둘째, 성적(gender) 역할로서 이것은 자신감(self-worth), 성적 역할(gender role), 성적 정체성(gender identity)의 확립에 기여한다. 셋째, 에로티시즘(eroticism)으로서 성 반응에 영향을 미친다. 이 세 가지 요소들은 서로 관련이 있으며 상호 보완적이면서도 때때로 서로 모순될 수 있다.

또한 인간의 성 발달을 견지함에 있어서 그 사람이 속한 사회의 성 관습과 흔히 행해지는 자녀 양육 방법을 이해하는 것은 매우 중요하다는 다양한 문화에서 성에 접근하는 일반적인 행태를 성 억압 문화(sexual repressive cultures), 성 제한 문화(sexually restrictive cultures), 성 허용문화(sexually permissive cultures), 성 지지 문화(sexually supportive cultures)와 같이 4가지로 기술하였다.

1. 아동기의 성 관련 문제

1) 자위행위 및 기타 성행위

2) 성폭력 피해 아동들이 보이는 성문제 행동

---

9 홍강의 저, 『소아정신의학』, 중앙문화사, 2012.

11. 과자류

1) 과자류를 활용한 긍정적인 나를 찾아가는 길

심리상담에서 가장 흔한 게 긍정심리에 대한 이야기이다. 긍정심리란 사람의 밝은 면을 북돋우기 위한 것으로, 삶을 행복하게 살아가자는 뜻을 가지고 행복의 참모습과 행복을 증진하는 방법을 찾아가는 길이라고 할 수 있다.

여기서 행복은 자신의 삶에서 오는 평온감과 안락함이라 말할 수 있다.

행복하기 위해선 먼저 주변 환경이 안정적이고 자신을 위협하는 조건이 없어야 한다. 또한, 적절한 목표를 세우는 것은 행복한 삶을 위해 매우 중요한데, 목표는 개인의 관심과 가치가 반영된 것이어야 하며 주위의 압력, 위협, 강요, 죄의식 등이 만든 목표를 달성하였다 하여도 행복을 느끼지 못하게 된다. 행복은 어떤 요령을 따른다고 해서 얻어지는 게 아니며, 개개인이 창조적으로 만들어 가는 것을 인지해야 한다, 무기력하고 무의미한 삶을 충만한 삶으로 바꿀 수 있도록 스스로 노력하여야 한다. 따라서, 행복한 삶을 위해서는 자신의 생각을 밝게 연습하는 것이 중요하다. 생각을 밝게 하는 것이 힘들다면 먼저 웃는 연습을 하는 방법도 도움이 될 수 있다. 다른 사람을 칭찬하는 방법과 자신을 칭찬하는 방법, 작은 일에도 감사하는 마음, 작은 도움을 주는 것부터 순수한 즐거움을 하나씩 경험하는 것이 긍정심리라고 말하고 싶다.

푸드심리상담에서는 긍정적인 나를 찾아가는 길에서 초콜릿을 매체로 상담을 접근하고 있다. 초콜릿 효능은 당뇨병, 암 예방, 변비 해소, 피로회복, 집중력, 노화 방지 등으로 알고 있다. 최근 동서양을 막론하고 남녀 간의 사랑의 징표로 여겨져 사랑을 고백하는 많은 사람들이 사랑하는 매력적인 음식이다. 그러한 초콜릿으로 자신의 달달한 부분, 성스러운 부분, 귀하고, 사랑스러운 자신의 다양한 긍정적인 모습들을 찾아 자기효능감을 향상하고 자아존중감을 향상하는 방법으로 접근하고 있다.

초콜릿은 열에 녹지만 찬 공기가 있으면 굳는 성질이 있다. 우리의 마음도 우리의 긍정적인 면들을 본다면 타인이 나에게 친절하거나 사랑스럽게 행동을 한다면 나 또한 친절하고 사랑스럽게 대하지만 상대가 차갑고 딱딱하게 대한다면 위축되거나 불편해서 신체적으로 굳는다는 느낌이 든다. 따라서 충만한 사람은 스스로를 '사랑스럽다, 귀하다, 달달하다'라고 생각하고 자신을 사랑한다면 타인에게도 같은 입장에서 바라볼 수 있다고 여겨진다. 사람이 말을 하거나 행동을 할 때 충만하다는 것은 품격이 있다. 충만한 사람들이 하는 말들에는 인격과 철학이 숨겨져 있다. 충만한 사람은 쓸모없는 잔소리를 늘어놓지 않는다. 충만한 사람과 대화를 한다면 매 순간 진실되고 좌절에 빠진 사람을 살리는 말들을 할 수 있고, 결코 많은 말들을 하지 않지만 진실이 담긴 마음의 매력에 빠져든다.

충만하고 긍정적인 사람은 말의 선택에 있어 신중하고 말에 있어 삶의 활기와 희망을 주는 사람이다. 이런 사람은 어떠한 환경과 변화가 있더라도 말 속에 고요함과 진실이 담겨 있다.

흔히 초콜릿은 신의 선물로 인간이 만들어 낸 축복이라는 말을 할 만큼 사랑을 전할 수 있는 충분한 매체라고 말할 수 있다. 초콜릿을 사람이 만들어 낸 것처럼 우리 상담사 또한 충만한 상담사가 되어 상담을 진행한다면 내담자에게 사랑, 행복, 충만함 등을 전달할 수 있다는 생각이 든다.

집단치료 또는 개인상담을 할 때 다양한 초코 펜들을 녹이기 위해 볼과 뜨거운 물이 필요하다. 초콜릿은 누구나가 좋아하는 매체라 흥분이 되어 뜨거운 물을 조심스럽게 다루지 않고 뜨거운 물속으로 손을 바로 넣어 화상을 입을 수 있어 너무 뜨겁지 않도록 온도를 적당히 맞추는 것이 중요하다. 초콜릿을 준비하기 위해서는 재료비가 많이 들어가지만 자기효능감과 긍정적인 자신을 찾는 데 있어 효과적이라고 말할 수 있다.

모든 내담자들이 너무나 좋아하는 매체이기 때문에 상담 접근 방법으로 활용도가 아주 높다고 확신을 할 정도이다. 특히, 집중력이 부족한 내담자 또는 틱 장애를 가진 내담들에게 초콜릿으로 '긍정적인 나를 찾아가는 길'의 제목으로 상담을 진행할 때 틱이 일시적으로 멈추는 것을 관찰할 수 있을 것이다. 그리고 ADHD로 상담을 온 내담자의 경우에는 표현하기 전 미리 안전을 살펴준다면 내담자의 몰입하는 행동을 관찰할 수 있을 것이다. 상담 시간은 상담사와 내담자에 따라 탄력성 있게 조절하는 것이 좋다. 초콜릿으로 긍정적인 나를 찾아가는 길을 할 때 내담자들이 너무나 몰입을 잘한다는 것은 상담을 진행하는 동안 알 수 있다.

푸드심리상담사 중에 초콜릿으로 접근하는 것을 싫어하는 상담사가 있을 수 있다. 이 경우 초콜릿 접근 방법을 왜 싫어하는지를 탐색하면 자신의 문제점들을 발견할 수 있다고 생각한다.

2) 과자류를 활용한 긍정적인 나를 찾아가는 길 과정

준비물 초코 펜, 비스킷 종류, 바나나킥, 투명 포장지, 네임펜, 접시 또는 A4지, 뜨거운 물, 믹스볼 등

① 뜨거운 물을 다룰 때의 안전에 대한 안내를 한 번 더 한다.

② 2~3분 정도 초콜릿의 성질과 특징을 안내한다.

③ 자신의 긍정적인 모습들을 스스로 탐색하도록 한다.

④ 자신의 긍정적인 모습들을 어떤 매체에 표현할 것인지 탐색하도록 한다.

⑤ 이미지를 작품으로 표현하도록 안내한다.

⑥ 내담자가 매체를 사용할 때 어떤 행동을 보이는지 주의 깊게 관찰하도록 한다.

⑦ 표현한 작품의 제목을 정하도록 한다.

⑧ 내담자가 작품에 대한 이야기를 할 수 있도록 충분한 피드백을 한다.

⑨ 자신이 표현한 작품들을 투명 포장지에 담을 수 있도록 한다(내담자가 선물을 하거나 자신에게 하고 싶은 말을 쓰는 것 또한 좋다).

⑩ 모든 작업이 끝난 후 청소를 하도록 한다.

<푸드심리상담에서 몰입(Flow)>

몰입은 스스로를 미치도록 행복한 자신과 만나게 한다. 또한, 어떤 행위에 있어 깊이 파고들거나 빠지는 시간의 흐름이나 공간이다. 즉, 자기 자신조차 잊게 되는 심리적 상태라고 말한다. 즐거움, 행복감, 충만함 등과 같은 개념으로 몰입을 경험할 때 행복해하며 계속 몰입의 상태로 남아 있기를 원한다. 푸드심리접근 방법에서 몰입은 심리적인 몰입이라고 말할 수 있다. 몰입의 상태는 내담자뿐만 아니라 우리 모두에게 많은 도움을 주기 때문에 몰입의 경험을 하기 위해서 많은 연습과 노력을 기울여야 한다.

3) 과자류를 활용한 긍정적인 나를 찾아가는 길 예시

다음 그림은 상담 중 내담자 작품과 집단치료, 학습클리닉, 진로, 부모교육, 푸드심리상담사 자격과정 워크숍 중 표현한 작품들이다. 빈칸에 어떤 상태가 달달한 자신의 모습과 긍정적인 자신의 모습을 어떻게 표현을 하였고 피드백을 하였는지 한 번 체크해 보면 좋을 듯싶다.

(1) 초등학생

(2) 중학생

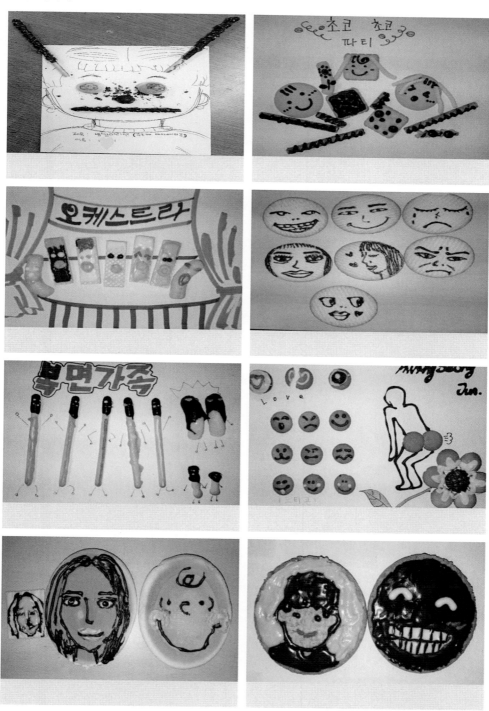

(5) 성인

푸드심리상담치료의 이해와 사례

(6) 다문화 부모 집단

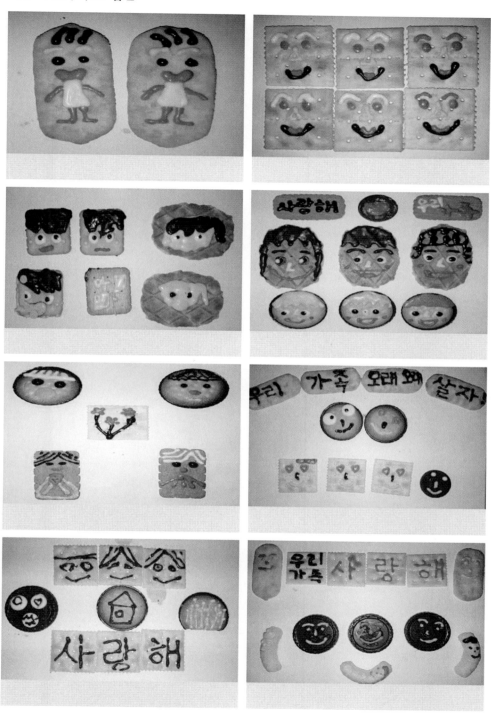

(8) 성인-빼빼로

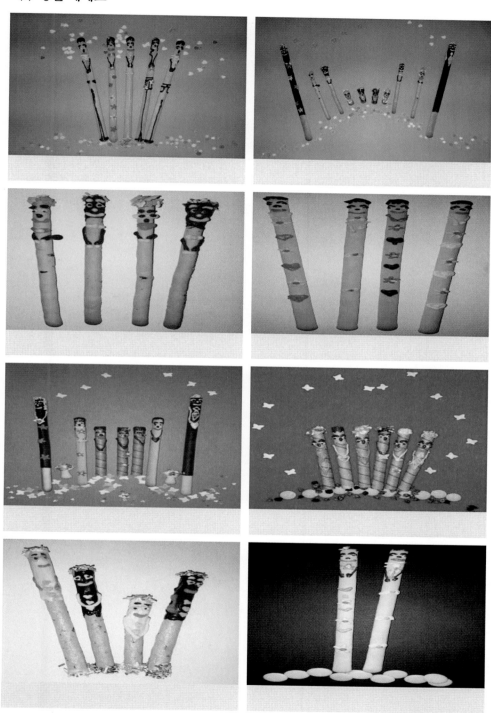

(9) 중학생 진로

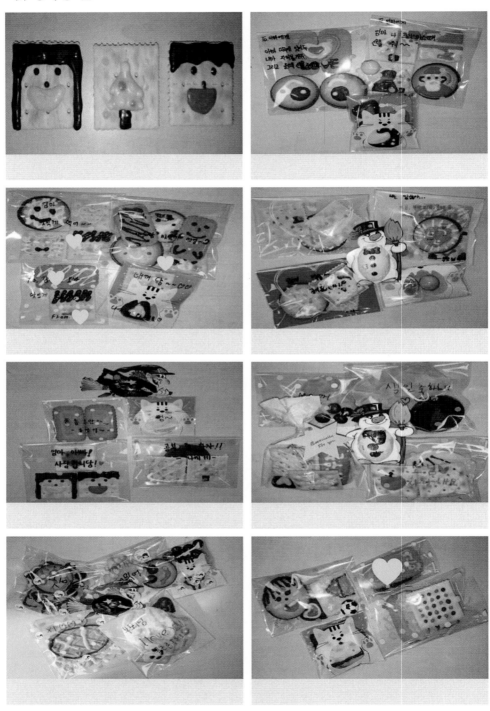

앞의 작품들을 보면 다양한 내담자와의 심리상담에 초콜릿이 쓰인 것을 알 수 있을 것이다. 위에 언급된 내담자뿐만 아니라 공무원 연수, 선생님들의 직무 연수 등 많은 집단과 내담자들에게 쓰였으며 지금도 많은 호응을 얻고 있는 접근 방법이다.

수업 제목은 '긍정적인 나를 찾아가는 길' 또는 '달달한 우리가족 찾기' 등으로 내담자의 요청에 따라 조금씩 달라진다. 하지만 기본적인 제목은 '긍정적인 나를 찾아가는 길'이다. 초콜릿은 매체가 주는 효과로 인해 내담자와 여러 단체에서 많이 선호하고 있다.

초콜릿으로 표현을 하는 부분에 있어 힘 조절 또한 필요하다. 내담자가 초코 펜을 사용할 때 힘 조절을 잘하지 못해 표현이 잘되지 않으면 내담자 스스로 작품 활동을 위해 자신의 힘 조절이 필요하다는 인지를 하기 때문이다.

초코 펜은 다양한 색으로 구성되어 있고 표현을 하고자 할 때 집중력을 향상시킨다는 것 또한 강점이다.

자신의 긍정적인 생각과 행동 그리고 사랑 등을 생각하면서 표현을 하기 때문이기도 하지만 힘 조절을 하지 않고 집중을 하지 않을 때 표현이 잘되지 않는 것을 내담자 스스로 알아차리기를 하기 때문이다.

긍정적인 자신을 찾아가는 길을 표현하기 위해 많은 시간이 필요하다. 긴 시간 동안 집중하는 것이 몰입으로 전환되고 몰입은 내담자에게 몰입에 대한 즐거움을 선물한다는 것이다. 직접 상담을 해 보면 몰입 후 즐거움이 행복으로 연결되고 있다는 것을 알게 될 것이다.

내담자들 역시 긍정적인 나를 찾아가는 길에서 몰입에 대한 것을 알아차린다. 특히 틱, ADHD 등 상담을 진행하는 내담자일 때 여러 방법과 매체를 다양하게 준비하여 상담을 진행한다면 내담자와 상담사 모두 만족할 것이다. 틱, ADHD 등 내담자가 스스로 몰입을 한 후 즐거움을 알아차리기를 하면서 자신도 집중할 수 있다는 사실을 아는 경험이 중요한 것이고 동기부여와 치유가 된다는 것을 의식하게 되는 것이다.

표현 매체로 스낵(바나나킥)을 왜 사용하는지에 대한 질문이 많다. 그럼 필자는 직접 표현을 하고 스스로 알아차리기 해 보시라고 안내한다. 바나나킥에 표현을 끝낸 후 대부분의 내담자들은 스스로 인지한다. 납작하지 않고 입체적이며 구부러진 형태라서 표현할 때 집중을 해야 하고, 초콜릿이 마르는 시간 동안 기다려야 하며, 자신의 작품에 끝까지 관심을 가지지 않으면 작품을 잘 표현해도 마르는 동안 문제가 생기기에 바나나 킥 매체를 사용하는 것인데, 이것을 내담자들 스스로 알아차리는 것이 중요하다. 자신의 삶의 주인공은 자신이지만 행복하게 살기 위해서는 꾸준한 노력과 관심이 있어야 하며 행동적으로 열정을 가지지 않으면 자신이 바라는 삶을 살지 못한다는 것을 알게 된다는 것이다.

초콜릿의 특징을 보아도 알 수 있다. 뜨거우면 녹고 차가우면 굳는 초콜릿처럼 자신의 삶 또한 너무 지나치거나 관심 없이 방관자처럼 생각하거나 행동을 한다면 사람과 사람 사이에서 힘들어지며 다시 재정립을 하는 데 더 많은 시간과 노력이 필요하다.

작품 표현에 있어 주의할 점을 이야기하자면 유아와 초등학생 내담자의 경우 뜨거운 물을 다룰 때 화상을 입을 수 있으므로 안전을 지속적으로 강조해야만 한다. 스스로 안전을 유지한 상태에서 표현을 할 때 자기효능감 상승과 몰입을 스스로 느끼며 자신의 긍정적인 모습과 강점들을 표현한 후 자신이 만든 작품들을 나누어 주고 싶어 한다. 이때 상담사는 내담자 스스로 자신에게 칭찬하고 자신의 것을 스스로 챙길 수 있도록 안내해 줄 필요가 있다. 유아에서 초등학생 연령의 내담자들은 자신이 만든 작품을 나누고 싶은 욕구가 강한데, 상담사는 그 나누고자 하는 심성에 대해 긍정적인 피드백을 해주되 스스로 행복해지기 위해 자기 것을 먼저 챙기라고 해 주는 편이 좋다는 것이다. 내담자들의 솔직한 심정을 말한다면 자신이 만든 작품을 자랑하고자 하는 욕구도 있다. 이때 상담사가 탄력성 있게 상담을 이끌어 가면 좋을 것이다.

중학생 내담자들은 빨리 먹고 싶어 하는 욕구가 강하다. 특히 남학생들이 먹고자 하는 욕구가 강한 모습을 보이는데 필자의 경우 기다리기, 견디기를 할 수 있도록 안내한다. 사춘기 내담자들은 의사소통을 할 때 상담사의 진실성을 먼저 알아차리는 경우가 많다. 내담자가 좋아하는 매체일수록 내담자의 치유 효과가 더 큰 것을 잊으면 안 될 것이다.

내담자들은 매체를 보고 가족들 이미지를 많이 상상한다. 가족과 어떤 모습으로 살고 싶은지에 대한 것은 말을 하지 않아도 알 것이다.

막대과자에 표현하는 동안 매체의 특징으로 가족들을 표현하기란 쉽지 않지만 내담자들 대부분은 아주 집중하여 표현한다. 그만큼 가족이라는 것은 기초이자 근본이라는 것을 알 수 있다. 삶의 기초이자 근본인 가족을 표현할 때 내담자들의 몰입은 극대화를 보인다. 이 시간이 가족들에게 자신이 표현한 작품을 전달함으로써 가족들끼리 행복을 전하는 상담회기라는 것을 알 수 있을 것이다.

부모교육을 할 때도 알 수 있지만 부모 또한 자녀가 잘 성장하길 바라지만 표현하는 방법에 있어 오류를 범하고 있다는 것을 알아차리는 경우가 많다. 자신이 성장할 때 부모로부터 답습된 나쁜 습관들을 대물림을 하지 않는 것이 우리 부모들의 몫이고 나쁜 대물림을 우리 세대에서 없애주는 것 또한 우리가 해야 하는 것이다. 막대과자를 활용하여 가족들을 표현한 내담자들은 대부분 충만한 가족, 행복한 가족, 사랑하는 가족을 생각했고 그 생각들을 긍정적인 말로 표현했다.

긍정적인 생각과 긍정적인 말의 힘은 바로 충만한 삶을 살기 위한 시작이라고 말하고 싶다.

12. 캔디, 초콜릿류

1) 사랑의 약국

피그말리온 효과(Pygmalion Effect)란 타인의 기대나 관심으로 인하여 능률이 오르거나 결과가 좋아지는 현상이다.

자성적 예언, 자기 충족적 예언, 로젠탈 효과라고도 한다. 타인이 나를 존중하고 나에게 기대하는 것이 있으면 기대에 부응하는 쪽으로 변하려고 노력하여 그렇게 된다는 것을 의미한다.

또 다른 의미로는 칭찬의 긍정적 효과이다. 구체적으로 ① 사소한 일도 칭찬하기, ② 구체적으로 칭찬하기, ③ 평가는 하지 않기, ④ 약점을 장점으로 보기이다.

푸드심리상담에서 캔디, 초콜릿류를 활용한 사랑의 약국은 사람과의 소통을 통해 피그말리온 효과를 접목한 것으로 매우 효과적이라고 말할 수 있다.

자신이 정말 다른 내담자와 소통을 하고 싶다면 그 사람의 성향, 좋아하는 것, 취미 등을 같이 공감하고 공유하면 좋지만 그렇지 못하는 경우가 흔하다. 소통을 하고자 하는 간절함을 담아 메시지를 전달하는 접근 방법으로 푸드심리상담에서는 사랑의 약국을 소통의 방법으로 선택한다.

필자가 개인상담, 집단상담, 워크숍 등에서 다양한 내담자를 관찰하고 피드백을 하는 동안 소통하고자 하는 사람에게 자신의 마음을 전달하는 시간이 행복한 시간이지만 불안하기도 하다는 것을 알 수 있었다. 혹시나 자신들이 전달하고자 하는 긍정적인 마음이 거절당하면 어떻게 하나 하는 두려움이 있다는 것이다. 하지만 그 내담자들을 위해 다양한 매체를 고르거나 포장할 때는 너무나 행복한 느낌이 든다고 한다. 그 내담자가 먹으면 좋을 것 같은 비타민제나 달달한 것을 먹으면서 행복해하는 모습들이 상상되는 것 같아 아주 행복하였다는 피드백을 들을 수 있었다. 필자는 사랑의 약국 다음 회기 상담 때 사랑의 약국을 선물받은 사람이 어떤 피드백을 주었는지 꼭 질문을 한다. 그러면 대부분의 내담자는 소통하고자 했던 사람과 소통을 하기 위해 사랑의 약국을 전하기 전 혼자 고민을 하였지만 자신의 솔직한 감정들을 전해주고 보니 너무나 좋아하고 자신의 마음을 전달한 후 사이가 좋아지기도 하였다거나 굳이 많은 말을 하지 않아도 편안한 사이가 되고 있는 것 같아 행복하다는 말을 많이 듣는다고 한다.

물론 상담사 입장에서도 바라보는 관점을 말하자면 사랑의 약국 회기는 상담사가 많이 부지런해야 하는 회기이기도 하다. 여러 매체를 준비하여야 하는 번거로움이 있기도 하고 준비를 위해 경제적으로 많이 부담이 가는 매체이기도 하다. 이는 재료가 많으면 많을수록 내담자가 선택하는 영역이 넓어지기 때문이다.

매체의 선택이 많을 때 특히 효과적인 내담자는 선택장애 호소 문제로 상담을 요청한 내담자들이다. 또한, 장애인 상담일 때 메모 스티커를 사용하는 방법도 좋지만 칭찬 스티커 작업을 하면 더 효율적인 것을 알 수 있다. 글자 쓰기가 힘든 상태일 때는 다양한 스티커를 활용하는 방법 또한 내담자를 배려하는 상담사의 마음인 것 같다.

집단상담이나 개인상담을 할 때 다양한 내담자들을 만나지만 사랑의 약국으로 상담을 진행할 때 직업 특성상 어린이집이나 유치원 선생님, 초등학교 선생님들이 표현에 아주 적극적인 것을 알 수 있다. 그들은 표현하는 동안 너무 신나하거나 재미있어 하는 것을 알 수 있는데 이는 평상시 유아, 어린이들과 늘 보고 생활하기 때문에 자신의 감정을 억누르며 생활하고 자신의 표현에 대한 칭찬에 목말라 있기 때문인 것으로 보인다.

장애인들의 경우 장점은 자신이 표현을 한 후 타인에게 준다는 것만으로도 아주 행복해한다는 점인데 메모 스티커에 글자 쓰기를 할 때 힘들어하기 때문에 필자는 간단한 단어 쓰기 또는 큰 봉투에 약국 이름과 약사 이름을 쓰기는 할 수 있도록 한다.

시니어 상담을 할 때 또한 매체를 많이 준비하는 것이 효과적이다. 이 연령대의 내담자들은 나누고 싶은 마음이 크고 나눌 사람도 많다는 것을 알 수 있다. 특히 시니어 상담을 하는 경우 방법을 잘 모르는 경우와 원래 사용하는 말투로 인해 더 오해를 받을 때도 종종 있다. 사투리로 인해 나누기를 받은 사람들이 무슨 뜻인지 인지를 못할 때 대화를 통해 승화되기도 한다. 특히, 집단상담을 할 때는 매체에 대한 욕심이 더 많이 생기는 것을 알 수 있으며 다른 어르신들께서 누구에게 줄 거라고 말씀하시면 갑자기 주고 싶은 사람이 또 생기는 경우가 많다. 그래서 시니어 상담을 할 때는 상담사의 넉넉함이 미덕으로 보일 수 있다는 생각이다.

푸드심리상담 접근 방법 중 사랑의 약국은 남녀노소 모두에게 좋지만 그중 선택장애가 있는 사람에게 접근을 하면 자신의 문제점에 있어 직면을 할 수 있어 더 좋은 상담 회기이다.

선택장애를 가진 내담자의 경우 자신의 솔직함을 전하고 싶은 욕구가 더 강해 매체를 선택을 하고 선택한 매체에 있어 갈등하는 모습들을 보인다. 필자가 바라보는 입장에서는 선택장애가 있지만 자신의 솔직한 심정을 전달하고자 하는 욕구가 강한 것을 내담자 스스로 인지를 하고 조금씩 선택장애에서 극복할 수 있고 긍정적인 매체를 통해 노출할 수 있어 선택장애 내담자에게 꼭 노출해 주고 싶은 매체이다.

<h2 style="text-align:center;">〈선택적 함구증(Selective Mutism)〉[10]</h2>

1. 증상

   1) 다른 상황에서는 말을 할 수 있음에도 불구하고 말을 해야 하는 특정 사회적 상황(예 학교)에서 일관되게 말을 하지 않는다.

   2) 장애가 학습이나 직업상의 성취 혹은 사회적 소통을 방해한다.

   3) 이러한 증상이 최소 1개월 이상 지속된다(학교생활의 첫 1개월에만 국한되지 않는 경우).

   4) 사회적 상황에서 필요한 말에 대한 지식이 부족하거나, 언어가 익숙하지 않은 것으로 인해 말을 하지 않는 것이다.

   5) 장애가 의사소통장애(예 아동기 발병 유창성 장애)로 더 잘 설명되지 않고, 자폐스펙트럼장애, 조현병 또는 다른 정신적 장애의 경과 중에만 발생되지는 않는다.

사회적 관계에 있어 사람을 만났을 때, 선택적 함구증 아이들은 먼저 말을 꺼내지 못하거나 사람들 말에 대답하지 못한다. 선택적 함구증의 동반 증상으로 과도한 부끄러움, 사회적으로 당황하는 것에 대한 공포, 사회적 고립과 위축, 매달리기, 강박적 특징, 거부증, 분노발작, 사소한 반항 행동이 있다. 가장 흔하게는 사회불안장애(사회공포증)가 있다. 청소년이나 성인에서보다 어린아이들에게 많이 발생한다. 환경적 요인으로는 다양한 요인들도 있겠지만 부모에 의한 사회적 억제를 받고 있거나, 아이들의 부모가 다른 불안 장애 아이들이나 장애가 없는 아이들의 부모보다 더 과잉 보호적이고 지시적인 경우 이런 증상이 나타난다.

---

10 APA 저, 권준수 역, 『DSM-5 정신질환의 진단 및 통계 편람』, 학지사, 2015.

2) 사랑의 약국 진행 과정

준비물 캔디류, 초콜릿 종류, 비타민제, 젤리, 드링크, 빵끈, 메모 스티커, 봉투(대, 소), 사인펜, 색연
필, 칭찬스티커 등

① 2~3분 정도 피그말리온의 효과에 대한 이론적 설명을 한다.
② 내가 소통하고 싶은 사람을 생각하도록 한다.
③ 대봉투에 자신의 약국의 이름을 스스로 만들고 약사 이름은 자신의 이름으로 쓰
   도록 한다.
④ 미안하다는 말을 못하거나 고맙다거나 사랑한다는 말을 전하고 싶은 사람에게 내
   마음을 전달하고자 하는 내용을 메모스티커에 쓰도록 한다(소포장지).
⑤ 소통하고자 하는 사람에게 어떤 매체를 담아 전달할지 소봉투에 포장하도록 한다.
⑥ 표현할 때 내담자 행동적 관찰을 주의 깊게 한다(특히, 포장하는 순서를 관찰하도록
   한다).
⑦ 내담자가 작품에 대한 이야기를 할 수 있도록 충분한 피드백을 한다.
⑧ 모든 작업이 끝난 후 청소를 한다.

사랑의 약국 재료

3) 사랑의 약국 예시

다음 그림은 상담 중 내담자 작품과 집단치료, 학습클리닉, 학교폭력 예방 특강, 푸드
심리상담사 자격과정 워크숍 중 표현한 작품들이다. 빈칸에 어떤 피그말리온을 내담자
가 간절히 원하는지, 표현하는 순서가 중요한데 누구 먼저 표현을 하였는지 한번 체크
해보면 좋을 듯싶다.

(1) 유아

(2) 초등학생

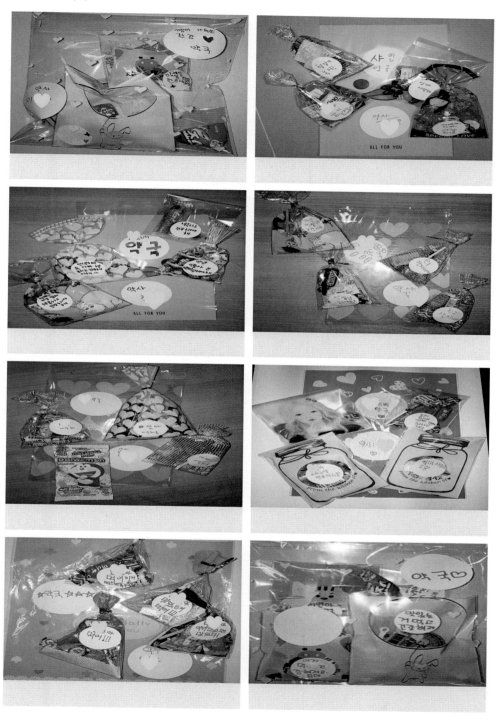

(4) 고등학생

(5) 대학생

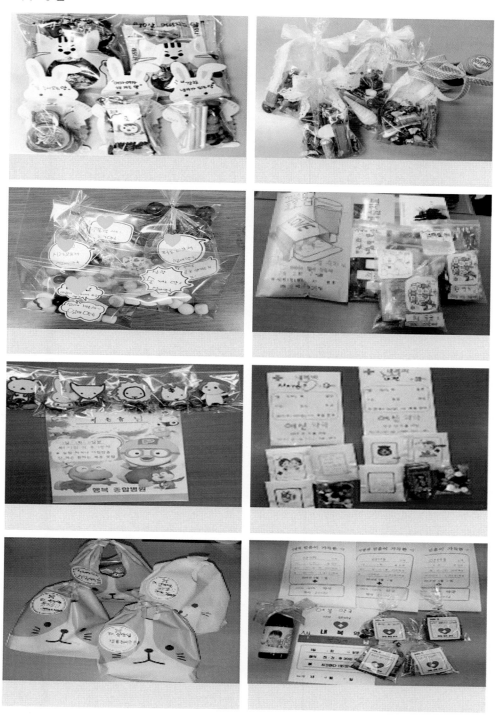

(8) 다문화

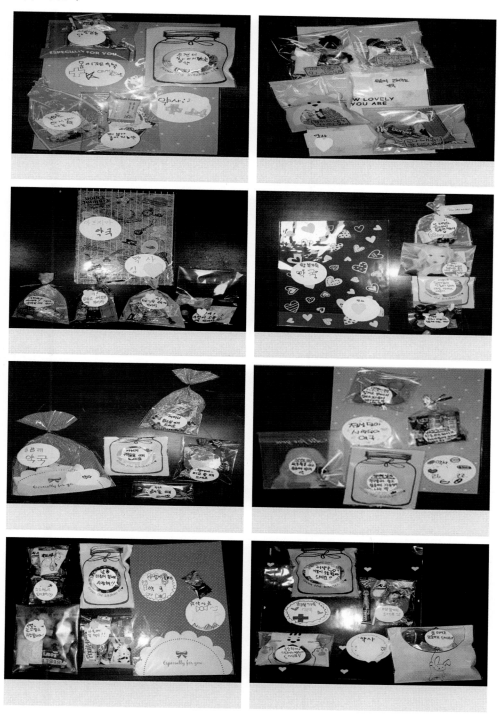

상담사가 내담자에게 상담을 하는 동안 내담자의 강점과 소망에 대한 이야기를 많이 나누기한다. 물론 상담의 뼈대에는 기본적으로 주 호소 문제를 다루고 있어야 한다.

캔디, 초콜릿의 재료로 사랑의 약국 표현 시 보통의 내담자의 경우 표현하기 전 긴장, 불안 등이 생기지만 표현하는 동안 편안함, 안정감 등을 느낀다는 것을 알 수 있다.

학교에서 학교폭력으로 집단상담을 진행할 때 작품 하나쯤은 평소 소통을 잘하지 않는 친구에게 전달하게 한다면 어떤 친구가 학교에서 많이 외롭고 학교생활이 즐겁지 않은지 금방 알 수 있다는 강점 또한 있다. 소통을 잘하지 못한 친구들의 경우 전달할 때 너랑 나랑 오늘부터 친구라는 말을 많이 한다. 그리고 상담사가 말을 하지 않고 안내를 하지 않아도 대부분의 학생들은 친구들에게 어떤 말을 하면 힘이 나는지 잘 인지하고 있었다.

아동들을 상담하다 보면 창의적인 말들이 많이 나온다. 보통 아동들은 가족들에게 자신의 마음을 전달하는 경우가 많은데 아빠에게는 '술, 담배가 먹고 싶을 때 먹는 약', '엄마한테 혼났을 때 먹는 약', '엄마 말 잘 듣는 약' 등으로 표현하고 엄마에게는 '아빠가 늦게 들어오면 먹는 약', '내가 말 안 듣고 속상할 때 먹는 약', '아빠가 엄마 속상하게 할 때 먹는 약' 등으로 표현을 하고 있었으며 복용 시 주의점도 표현하는 아동들이 있었다. '이 약을 먹은 후 꼭 치카치카를 해야 합니다' 등 아이들의 표현은 아주 창의적이고 사랑스러운 말들이었고 실제 집에서 일어나는 일들을 표현했다.

초등학교 저학년일 경우 가족끼리 미안하다는 말을 하고 싶은데 못하고 있는 경우와 자신이 볼 때 너무 멋진 친구라 말을 건네지 못하거나 무서워 보여 말을 못하는 경우, 예쁘고 멋진 이성 친구에게 고백하고 싶을 때 등 다양한 표현들이 나온다.

초등학교 고학년은 선생님과 친구, 부모님들 사이에 고민을 많이 한다. 가지고 갈 소포장지가 4개로 되어 있는 것이 속상하다는 말을 하는 경우가 많다. 자신이 전달하고 싶은 사람도 많고 매체도 많은데 포장지가 작아 속상하다고 말을 하고 전달하고자 하는 사람을 선택하는 데 고민을 많이 한다는 것이다.

중학생부터는 다양한 전달을 하고 싶어 하는데 그중 문제행동으로 인해 학교에 적응하지 못했거나 또는 학업중단 프로그램에 참가한 학생의 경우 중학생이 되었을 때 자신에게 긍정적인 피드백을 한 선생님에게 사랑의 선물을 꼭 하나는 전달했다. 선생님께서 자신을 위해 좋은 말들을 해주셨지만 자신은 아주 부정적인 행동과 말을 하였다며 자신을 위해 노력해 주신 선생님께서 '고맙습니다', '사랑합니다' 등으로 표현을 많이 하였다.

우리가 흔히 중학생들을 '질풍노도의 시기', '사춘기', '럭비공' 등으로 표현하지만 사춘기 시절에 소용돌이가 치는 것 또한 건강한 어른이 되기 위한 단계라고 생각한다. 때에 따라 청소년들이 건방진 행동을 하기도 하지만 얼마나 힘들면 그런지, 무슨 상처가 있어 말을 하지 않고 돌발행동을 하는지에 대한 고민을 같이 한다면 원활히 소통할 수 있다. 상담 중 에너지도 많이 소요되고 긴장을 놓을 수 없지만 우리 청소년들이 아직은 순수하고 건강하다는 의미로 보인다.

고등학생들의 경우 전달하고자 하는 사람이 보통 부모님 중 한 분과 친구 그리고 자신인 경우가 많다. 스트레스를 받을 때 먹고 싶다는 표현을 하는 경우가 많고 내용을 쓸 때 간단하게 '고맙습니다', '내 맘 알지', '용돈 좀 더 주세요' 등으로 자신이 필요한 말들을 많이 사용한다.

성인의 경우는 하고 싶은 말들이 아주 많고 주고 싶은 사람도 아주 많다. 하지만 꼭 한 사람은 자신과 갈등하고 있는 사람 또는 늘 자신을 긴장하게 만드는 사람에게 주려고 포장을 한다. 이 경우 거절 당하는 것을 두려워하는 양가감정이 생기는 경우도 흔하다.

장애 친구들은 사랑의 약국을 통해 많은 이야기를 한다. 비록, 언어 선택을 풍부하게 잘하지는 못하지만 평소 자신들이 도움을 많이 받고 있다는 것을 알기에 자신의 마음을 전달하고자 노력한다.

다문화의 경우 가족들의 소중함을 한 번 더 인지하는 모습을 보인다. 대부분 엄마가 이민자로 가족을 꾸미고 있는데 사랑의 약국을 할 때 아이들이 한글을 잘 모르는 엄마를 위해 최선을 다해 글자를 안내하고 엄마는 자식이 가르쳐주는 것을 꼼꼼히 받아쓰기를 한다. 몇 년 전만 보더라도 결혼이민으로 대한민국에 온 여성들이 언어 문화적인 차이로 고부간의 갈등과 무시를 많이 받았다면 요즈음 다문화 가정을 볼 때 여성들이 더 힘이 강해진 것을 볼 수 있다. 물론 양성 평등적으로 본다면 필자의 발언에 문제가 있지만 다문화 가정을 꾸미고 살고 있는 문화가 점점 변화고 있다는 것을 말하고 싶다. 물론 다문화 가족캠프, 또는 여러 프로그램으로 집단상담을 받기 위해 나온 가족들과 그러지 못하는 가족의 차이점이 있다는 것은 당연하다.

앞서 말한 바 있지만 상담사는 늘 깨어 있어야 한다. 매 상담 회기마다 성실히 상담을 하는 것은 기본이며 내담자들의 작은 변화에 있어 칭찬과 관심을 가져야 한다는 것이다. 물론, 내담자가 많아 한 명 한 명을 다 인지하기 힘들 때도 많다. 그래서 필자는 늘 상담시간에 기록을 하고 상담이 끝났을 때 상담일지를 바로 정리한다. 그리고 상담 전 최소 20분 전에 앞서 진행된 상담일지를 한 번 더 읽어 본다. 이는 아마도 습관적으로 내담자들의 변화로 인해 상담의 결과가 호전되었다는 긍정적인 피드백을 받기 위한 자기 위안일지도 모르겠다. 너무 나쁜 하루일지라도 당일 상담일지를 미루지 않는다. 상담일지에 있어 게으름은 상담을 하지 않겠다는 선언일 수 있다는 것을 미리 인지하길 바란다.

13. 만다라

1) 푸드심리상담의 만다라(비빔밥, 팥빙수)

만다라란 '우주 법계의 온갖 덕을 갖춘 것'이라는 불교용어로, 금강계만다라, 태장계 만다라 등이 있다.

그중 금강계만다라는 『금강정경』에 의거하여 대일여래의 지혜를 상징적으로 묘사한 그림이며 태장계만다라는 『대일경』에 의거하여 보리심과 대비와 방편을 상징적으로 표현한 그림이다. 원래 부처를 중심으로 한 불화였지만 요즘은 그냥 둥근 무늬 형태의 그림을 만다라로 부르기도 한다.

만다라의 뜻은 본질의 변화란 뜻으로 중간에 핵심적인 부처를 배치하고 주변으로 퍼지면서 본질적인 부처에 연결된 보살 등을 배치하는 식으로 그려진다. 부처가 깨달음의 경지이고 우주법계의 근본이라는 뜻이기도 하다. 그리고 부처와 연결된 보살과 나한들이 이 부처의 본질에 연결되어 사방으로 퍼져나간다. 마음의 창, 마음의 본질을 나타내는 마음속의 참됨을 갖추고 자신의 본질을 원만하게 한다는 뜻을 지니고 있다.

만다라는 전통적으로 개인의 정신을 집중함으로써 자기 자신을 돌아보고 자신의 내면의 질서를 세우며 조화롭게 하는 하나의 도구이자 표현 방법이다. 원의 형태는 중심, 초점을 지니고 있는 조화로운 질서를 가지고 있기에 현실에 대한 인식을 가능하게 한다.

이러한 만다라는 내적 세계의 표현으로써 인간의 마음의 전체성을 상징하는 도형으로 표현되고 있다.

푸드심리상담에서 만다라란 여러 음식의 매체들을 내담자의 진심을 나타내는 상징 표현이라고 말할 수 있다. 표현의 상징이므로 스스로 어떤 의미를 부여하고 다른 상징들을 받아들이면 된다.

2) 푸드심리상담 만다라 치유 효과

① 푸드매체를 발견하고 선택하여 표현함으로써 내담자 스스로 생각하는 힘과 움직임하는 힘을 얻는다.
② 여러 현실을 새롭게 받아들이고 재정립한다.
③ 몰입(Flow)하고 집중할 수 있으며 이완할 수 있다.
④ 내담자 스스로 수용하고 주도적일 수 있다.
⑤ 여유로움과 조화를 이룰 수 있다.
⑥ 통찰이 가능하다.

3) 푸드심리상담 만다라(비빔밥) 과정

준비물 밥, 야채, 참치, 달걀 프라이, 고추장, 참기름, 과일, 과도, 도마, 그릇 등

① 2~3분 정도 만다라의 효과에 대한 이론적 설명을 한다.
② 우주의 중심이 누구인지 질문한다.
③ 비빔밥의 매체를 잘 관찰하도록 한다.
④ 우주의 중심이 자신으로 만다라 표현을 한다.
⑤ 내담자가 표현할 때 행동을 주의 깊게 관찰한다.
⑥ 내담자가 작품에 대한 이야기를 할 수 있도록 충분한 피드백을 한다.
⑦ 모든 작업이 끝난 후 청소를 하도록 한다.

비빔밥 재료

 집단치료 또는 개인상담, 가족캠프 등에 만다라 상담기법으로 많이 활용하고 있다. 만다라라는 개념 중 우주의 중심이 자신이라는 것을 인지시킴으로써 상담의 효과적인 면이 있다는 것이다.

 상담실을 찾은 내담자들 대부분은 우주의 중심, 인생의 중심이 자기 자신이라고 인지하는 경우는 많이 없다. 푸드심리상담으로 꾸준히 10회 이상 상담을 받았을 때 우주의 중심이 자기 자신이라는 대답을 대부분 하지만 상담 초기에는 삶의 주인공이 자신이라는 것을 인지하지 못한 상태로 살아가고 있는 경우가 흔하였다. 물론 내담자들을 초기상담 때 우주의 중심이 누구인지에 대한 질문 또한 하기 힘든 상황들이 대부분이기도 하다.

 만다라 비빔밥으로 집단상담 접근을 할 때는 그 집단의 역동을 잘 살필 수 있어 매우 효과적이다. 채소를 싫어하는 아동에서부터 성인까지 만다라 비빔밥으로 표현을 하면 부모님들께서 더 좋아하는 모습을 보인다. 왜냐하면 잘 먹지 않고, 싫어하는 채소 종류를 잘 먹는 모습을 볼 때 만족하는 모습과 채소 종류의 이름과 특징들을 질문하는 모습에 더 반갑다는 피드백이 나온다. 물론 가족집단치료를 할 때 가족끼리 자연스럽게 소통을 하는 매체이기도 하다. 특히 아버지와 함께 만다라 비빔밥을 표현하는 가족구성원들의 소통 방법을 보면 아버지의 새로운 모습에 아이들의 긍정적인 지지를 많이 받고 있는 모습을 볼 수 있었다.

 매체에 따라 만다라를 표현하는 다양한 방법들을 볼 수 있다. 특히, 매체를 준비할 때 오방색을 기본으로 매체를 준비하면 우주의 중심으로 끌어가는 데 더 효과적이다.

여기서 오방색은 우리 민족 전통 색으로 청(靑), 황(黃), 적(赤), 백(白), 흑(黑)의 다섯가지 색을 말한다. 상담 초기에 만다라 또는 오방색에 대한 이론적인 안내를 하여도 좋다.

또다른 만다라 접근 방법인 팥빙수 이야기를 하자면 우선 남녀노소 누구나 다 좋아하는 매체이다. 필자는 팥빙수 만다라를 주로 여름에 많이 사용하다. 매체를 구매하는 것도 용이하고 내담자들 또한 너무나 좋아하기 때문인데 빙수기는 수동으로 직접 손으로 돌려 작업하도록 안내를 한다. 이때 집단상담을 할 때 다른 사람과 협동하는 것과 상호작용하는 방법들을 쉽게 안내할 수 있고 내담자들 또한 상호작용, 소통하는 방법 등에 의도적인 방법이 아니라 좋아하는 것으로 보인다. 팥을 싫어하는 내담자도 있을 수 있기 때문에 과일 빙수로 대처 가능하다는 말을 먼저 하고 싶다.

팥빙수의 특징은 차갑다는 것이다.

만다라 표현을 하면서 얼음이라는 매체가 주는 효과성은 아주 높다. 얼음은 자신을 조금 더 객관적으로 보는 활동으로 좋은 매체이다. 물론 내담자는 표현하는 데 집중을 하고 있어 피드백을 하는 동안 무의식적으로 말을 하는 경우가 많은데 상담사는 이를 잘 경청하면 좋은 정보를 얻을 수 있다.

필자의 경우 얼음을 잘 관찰하고 만지도록 한다. 얼음을 만지면서 내담자들의 행동 관찰들의 변화가 많다는 것 또한 알 수 있다. 보통의 경우 유아에서 고등학생까지는 매체를 보는 순간 너무나 흥분을 한다. 요즈음 유아부터 고등학생까지 팥빙수가 좋은 간식거리지만 직접 만들어 본 경험은 없기에 상담회기에 팥빙수가 매체인 것으로도 행복해하는 상담을 진행할 수 있다.

집단상담을 학교에서 진행할 때 푸드심리상담사 입장에서는 다양한 매체와 여름에 푸드매체를 준비해야 하는 번거로움과 얼음이 녹을지에 대한 걱정이 앞서기도 한다. 필자의 경우 한 주 전 담당 선생님께 미리 얼음 또는 우유를 냉동실에 얼려 달라고 부탁을 하며 대부분 담당 선생님께서 '팥빙수요?'라고 하시며 자신도 참여하고 싶다며 흔쾌히 준비해 주시고 하루 전날 다시 확인 전화까지 주시는 경우가 많아 매체에 대한 기대가 많다는 것을 알 수 있었다.

팥빙수 만다라 상담은 진행하는 동안 자신들의 추억과 이야기들이 많이 쏟아져 나오는 회기인데 성인들과 시니어도 마찬가지이다.

더운 여름 팥빙수라는 매체는 내담자에게 시원함과 맛을 더해주는 매체로 상담을 통해 치유되는 부분도 있지만 매체 자체에서도 치유가 되는 것으로 보인다.

푸드심리상담사라면 요즘 유행하는 팥빙수에 대해 미리 인지를 하면 더 효과적이다. 푸드심리상담을 진행할 때 내담자가 어떤 음식에 알레르기가 있는지 미리 확인해야 하며 상담 전에도 한 번 더 확인을 해야 한다.

팥빙수 토핑을 준비할 때 길이의 차별성과 색은 오방색으로 준비하면 좋다. 여름철이라 과일 또한 준비를 많이 하면 내담자들이 팥빙수 만다라 작품 완성 후 자기 효능감이 많이 상승 되는 것을 알 수 있다.

초등학생부터 고등학생들을 학교에서 집단상담을 할 때 한 두명은 담당선생님 혹은 교장선생님과 교감선생님께 자신들이 만든 팥빙수 만다라를 전해주면서 '너무 감사합니다,' '푸드심리상담 수업을 듣는 것이 제일 행복합니다'라고 인사를 하고 오는 경우가 있다. 이때 학교에 계시는 선생님들께서 너무나 행복한 피드백을 해주시 때문에 학생들에게 시너지 효과까지 일어나 만족도가 아주 높은 상담회기가 되기도 한다.

〈현실치료〉

1. 윌리엄 글래서의 현실치료

윌리엄 글래서(William Glasser)는 자신이나 자신의 행동에 책임을 지고 자신의 욕구들을 자각하고 다른 사람에게 해를 끼치지 않으면서 그 욕구를 충족할 수 있는 사람이 행복할 수 있고 충만한 삶을 살 수 있다고 한다. 책임감, 관계성, 선택 및 실행이 인간의 욕구를 충족시킨다는 것이다.

2. 로버트 우볼딩의 현실치료

로버트 우볼딩(Robert E. Wobbolding)은 모든 사람이 두 가지 기본적인 욕구인 상호연관(사랑을 주고 사랑을 받는 것)과 존중(자신이나 타인들에게 가치가 있다고 느끼는 것)의 동기를 가지고 있다고 믿었다. 상호연관과 존중은 서로 얽혀 있다고 생각을 하였다. 자신과 타인의 욕구를 제대로 인식하려는 행동은 자기의 참된 가치를 느끼게 하고 타인과 좋은 관계를 맺을 수 있게 한다. 그로 인해 두 가지 기본 욕구가 충족된다고 한다. 또한, 바람직한 행동도 현실의 지각, 자신에 대한 책임 그리고 옳고 그름에 관한 이해의 반영이라고 할 수 있다.

3. 현실치료를 하는 치료자가 따라야 할 8단계

1) 내담자와 라포를 형성하라.
2) '당신은 무엇을 하고 있습니까?'라는 질문을 하라.
3) 내담자와 협력하여 그의 행동을 평가하라.
4) 내담자가 더 나은 방식으로 행동 할 수 있도록 계획하게 하라.
5) 내담자가 그 계획에 전념하도록 도와라.
6) 변명을 용납하지 마라.
7) 적당한 결론을 가지고 훼방하지 말라.
8) 포기하지 말라.

〈선택이론〉

선택이론에서는 사고, 감정 및 행동의 선택이 개인의 삶의 질을 결정한다고 가정한다. 인간의 뇌에 대한 윌리엄 글래서의 관점은 자신이 원하는 것과 가지고 있는 것 사이이의 간격을 줄이는 것뿐 아니라 자신이 원하는 것에 가깝게 바꾸는 제어이론도 현실치료의 한 부분이기도 하지만 현실치료의 기본이라고 할 수 있는 제어이론이 사람의 삶을 개선하도록 돕는 데 중요하다고 한다.

4) 푸드심리상담 만다라 예시

다음 그림은 상담 중 내담자 작품과 집단치료, 학습클리닉, 다문화, 푸드심리상담사 자격과정 워크숍 중 표현한 작품들이다. 빈칸에 우주의 중심인 자신과 주변에 무엇을 표현 하였는지 한 번 체크해보면 좋을 듯싶다.

(1) 유아

(2) 초등학생

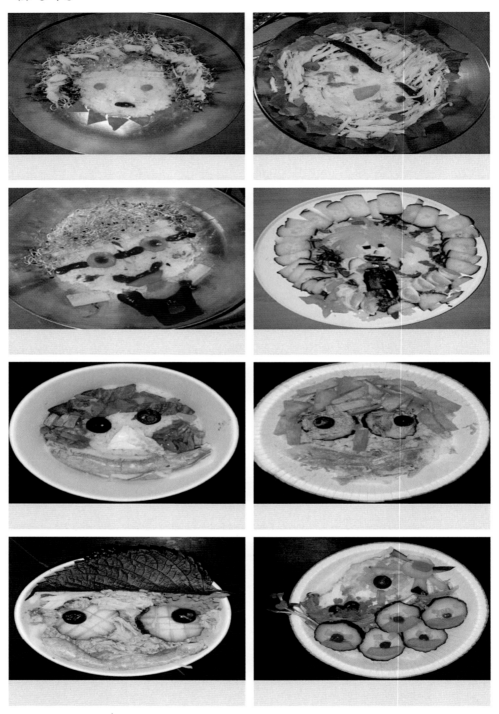

(4) 다문화

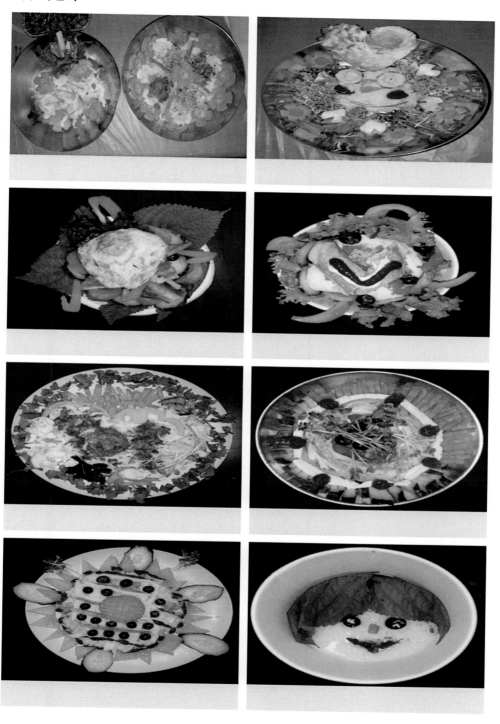

(5) 장애아동 부모

(6) 성인

(7) 초등학생 팥빙수 만다라

푸드심리상담치료의 이해와 사례

(8) 중학생 팥빙수 만다라

비빔밥은 사계절 누구나 좋아하는 음식이라고 생각하겠지만 일부 아동이나 청소년들은 비빔밥을 무척 싫어한다. 이는 대부분의 학생들이 인스턴트 음식에 많이 노출되어 있고 간편한 요리를 좋아하고 자극적인 음식에 쉽게 접근을 할 수 있기 때문이다.

부모님의 부재와 바쁜 부모님, 학교에서 학원으로 쉬지 않고 돌고 있는 아이들 입장에서는 비빔밥은 생일, 제사, 명절 음식으로 인지하고 있다. 많은 나물들을 손질하고 만드는 음식이라 소중하고 정성이 많이 들어가는 것 또한 불편하다고 생각할 수 있다. 푸드심리상담에서의 만다라 비빔밥은 나물들을 채소로 대체한다는 의미로 보면 좋다. 물론 나물로 만다라를 준비하여 표현을 하는 것이 틀렸다는 것은 아니다. 매체에 있어 필자가 생각하는 부분은 다양하면 더 효과적이라는 생각을 한다. 하지만 채소 그대로 표현을 할 때 본연의 맛을 즐길 수 있는 강점과 채소만이 가지고 있는 천연의 색을 그대로 담는 것 또한 아주 효과적이라는 면을 이야기하고 싶은 것이다.

어린 새싹의 색과 형태와 향, 파프리카, 당근, 오이, 깻잎, 상추, 토마토 등 제철 채소 영양과 맛, 향을 그대로 담아 표현을 할 때 조금 더 효능감을 올릴 수 있었던 경험에서 말하고자 하는 것이다. 필자가 상담을 진행할 때 종종 뿌리식물일 때는 흙이 묻어 있는 상태에서 매체를 보여주고 특징들을 설명을 한다. 자녀들은 다듬어진 상태나 조리된 상태의 채소를 보는 경우가 많아 자연 그대로의 형태를 인지 못하는 경우가 많기 때문에 상담사가 불편하다는 생각 보다는 자연관찰을 하는 교육시간도 포함이 된다고 생각하기 때문이다. 물론 상담시간은 자연에 대한 과학 시간이 아니기에 조금씩 노출을 해준다는 의미로 받아들이면 좋을 것 같다. 상담을 진행 할 때 매체들의 향, 색, 맛, 형태 등을 그대로 노출하여 표현을 할 때 내담자가 선택하여 자르고 형태를 만드는 부분에 있어 더 창의적이고 자기효능감이 높아지는 것을 알 수 있다.

위의 작품들을 볼 때 의사소통을 가장 많이 할 때는 집단 만다라 작업을 할 때이며 이때 내담자의 생활 패턴이 그대로 나오는 것을 알 수 있다 한 예로 음식 재료를 구하는 사람, 음식 재료를 계속 씻거나 뒷정리하는 사람, 명령만 하는 사람, 먹기만 하는 사람, 불만만 이야기하는 사람 등 다양한 행동적 관찰을 할 수 있는데 그 행동들은 평소 습관에서 나온다는 것 또한 상담사 입장에서 관찰이 아주 용이하다고 말할 수 있다.

특히 다문화 집단을 상담할 때 한국의 오방색 비빔밥을 설명하면 아주 신기해하고 자신의 친정 나라 전통적인 음식들을 이야기하면서 가족들끼리 음식에 있어 소통을 자연스럽게 한다는 점에서 좋은 상담회기가 된다고 할 수 있다.

여러 조리 방법을 쓰지 않고 비빔밥을 완성을 한 후 함께 비빔밥을 먹을 때 집에서도 하면 좋을 것 같다는 피드백을 많이 한다. 새싹 비빔밥과 채소 비빔밥처럼 복잡하지 않고 건강해지는 느낌이 들어 좋다는 말과 아이들이 채소를 싫어하는데 너무 잘 만지고 먹는 것을 보니 더 행복하다는 말들을 한다. 그리고 중요한 것은 유아기부터 청소년들 또한 채소를 싫어하는데 먹어보니 맛이 있는 것에 대한 감탄을 하기도 한다. 또한, 이제부터는 채소를 잘 먹겠다는 다짐을 하기도 한다. 그 후 상담회기 때 채소를 먹는지에 대한 질문을 하면 만다라 비빔밥 이후 채소를 꾸준히 잘 먹고 만다라 비빔밥 표현했을 당시의 기억이 남아 있고 약속한 것은 꼭 지키기 위해 노력 중이라고 말을 하는 경우가 많다.

14. 소망병

1) 소망병으로 NLP 표현하기

신경언어학적 프로그래밍(NLP)은 사람에게 내재되어 있는 능력의 우수성을 개발하는 새로운 접근방법으로 사람은 원하는 것의 어떤 문제든 해결할 수 있는 가능성을 가지고 있다고 한다.

사람은 생각한 대로 말을 하고 행동을 한다. 또한, 자신의 행동으로 인해 결과가 나타나기도 한다. 원하는 결과를 만들기 위해서는 생각과 말의 변화가 있어야 한다고 누구나 이야기한다. 그중 생각은 주관적인 입장이라고 말할 수 있는데 생각을 긍정적인 결과로 만들기 위해서 상담을 받기도 하고 스스로 훈련을 하기도 한다.

미국의 정신과 의사이자 심리학자였던 앨버트 엘리스(Albert Ellis)가 말하는 합리적정서 행동(REBT)에서 개인의 생각과 행동 변화를 돕기 위해 말 숙달시키기와 긍정적인 자기 대화를 사용하는 것처럼 푸드심리상담에서는 소금을 활용하여 NLP 효과를 보자는 목적을 두고 있다.

여러 문화권에서 소금 뿌리기는 악귀나 액운으로부터 보호받는다는 미신적인 의미를 갖는다. 동양에서는 기분 나쁜 방문객이 다녀가면, 장소를 깨끗이 한다는 뜻에서 약간의 소금을 뿌린다. 스칸디나비아에서는 악령이나 마귀로부터 자신을 보호하기 위해 소금을 뿌린다.

또한 크리스트교에서 소금은 '세상의 타락과 부패를 막아 주는 가치 있는 존재'를 이르는 비유적인 말로 쓰인다.

푸드심리상담에서의 소금은 지금 표현을 하고 있는 내담자이다. 아주 소중한 사람이기 때문이다. 그래서 그 소중한 사람이 바라는 소망을 담아 표현하는 기법이라고 말할 수 있다.

'이 세상 살아가면서 몸담고 있는 어느 곳에서든 꼭 필요한 사람' 기둥이 되라는 큰 뜻을 지닌 충고이기도 하다. 이처럼 소금은 소중한, 고귀한, 꼭 필요한 것을 상징적으로 표현할 때 등장하는 단어다.

소금과 우리 문화는 밀접한 관계가 있다. 한 예로 처음 개원을 하는 가게 입구에 보통의 경우 소금을 놓거나 소금 자루를 둔 모습을 흔히 볼 수 있다. 그 풍경은 우리 집에 액운은 들어오지 말라는 의미와 사업이 번창하게 해 달라는 의미를 내포한다.

또한 음식에 맛을 더 풍성하게 하기 위해 소금을 쓰는 것과 같이 우리가 생각하는 바람이나 희망, 자기 충족을 담아 소금에 자신이 원하는 색을 첨부하여 표현하는 방법이다. 그리고 소금 작업과 동시에 진행하기도 하는 타임캡슐은 자신이 원하는 것을 쓰게 한 다음 소망병에 담아 자신의 소중한 소망을 함께 담아 보관을 한다는 의미이다.

이에 자신의 비합리적인 신념을 합리적인 신념으로 바꿔 타임캡슐에 자신의 소망을 쓸 때 아주 진지하고 진솔하게 행동한다.

대부분의 내담자는 수많은 소망들 중 지금은 시작이지만 꼭 이루겠다는 목표를 정하고 타임캡슐 작업을 한다는 것과 소금이라는 특징과 유래를 인지한 내담자들은 소금에 입힐 색을 선택할 때도 아주 신중하다는 것을 알 수 있다. 소금에 파스텔 색이 입혀지는 것을 직접 체험하게 되어 아주 행복해하는 사람들도 있고 스스로에게 칭찬을 하기도 한다. 완성 후 자신의 소망이 꼭 이루어지길 간절히 원하면서 기도를 하는 사람들도 종종 보인다. 소망병(NLP)은 남녀노소 모두가 행복해하는 작업으로 자신이 바라는 소망을 위해 스스로를 다지는 시간이 되기도 한다.

소망병(NLP)는 여러 특강들 중 인기가 많은 매체이기도 하지만 동기부여도가 아주 높은 것으로 평가되는 상담기법으로 필자 또한 소망병을 개인상담, 집단상담, 특강, 워크숍 등에 자주 활용하며 내담자들의 자기만족 또한 높은 회기라고 말할 수 있다.

내담자들을 위해 소금은 충분히 준비하는 것이 좋으며 소금의 굵기 또한 변화를 주기 위해 다양한 크기를 준비하면 좋다. 표현을 조금 더 잘하도록 돕기 위해서는 간수가 잘 빠진 소금을 준비하면 색이 곱게 표현된다. 표현을 할 때 식용색소를 사용하면 나중에 자신이 표현한 소망병의 소금을 먹으며 더 행복해하고 소금이 조금씩 줄어들면서 자신이 쓴 타임캡슐을 한 개씩 열어 보면서 자신이 바라는 소망이 가까워지고 있는지를 확인할 수 있기 때문에 가장 좋지만 식용색소가 다양한 색을 표현하기에 어려운 점이 있어 주로 파스텔로 대체하며 파스텔의 경우 먹으면 안 된다는 안내가 꼭 필요하다.

소망병의 표현에 다양한 용기를 미리 준비하여 내담자가 선택할 수 있는 자율성도 함께 주면 좋다. 장애인, 아동기에는 안전성을 위해 플라스틱 용기를 사용하는 것도 한번 고민해 보기를 권한다. 재활용품 빈병이나 투명한 재활용 플라스틱 용기 또한 내담자가 표현한 색이 그대로 전해지기에 효과적이라고 말할 수 있다.

2) 소망병(NLP) 진행 과정

준비물   소금(굵기별), 타임캡슐, 파스텔, 파스텔체, 이면지, 빈병, 리본, 가위 등

① 2~3분 정도 소금의 유래와 소금의 중요성을 안내한다.
② 내가 가장 바라는 소망을 6개월, 1년. 그리고 자신이 정한 시간을 탐색하고 타임캡슐에 쓰도록 한다.
③ 자신이 선택하고 싶은 빈병을 선택한 후 어떤 이미지로 자신의 소망병에 표현할지 이미지화하도록 한다.
④ 자신이 선택한 소금과 색으로 소망병에 소금을 자신이 원하는 만큼 채우도록 한다(소금을 채우는 동안 타임캡슐을 스스로 넣도록 한다).
⑤ 소망병에 소금을 원하는 만큼 채운 후 1차 청소를 한다.
⑥ 표현할 때 내담자 행동적 관찰을 주의 깊게 한다(특히, 색을 선택할 때).
⑦ 꾸미기를 할 수 있는 매체를 선택한 후 자신이 표현을 더 하고 싶으면 더 표현하도

록 한다.

⑧ 내담자가 작품에 대한 이야기를 할 수 있도록 충분한 피드백을 한다.

⑨ 모든 작업이 끝난 후 청소를 하도록 한다.

소망병 재료

3) 소망병 예시

다음 그림은 상담 중 내담자 작품과 집단상담, 학습클리닉, 직무연수특강, 시니어집단상담, 푸드심리상담사 자격과정 워크숍 중 표현한 작품들이다. 빈칸에 어떤 NLP효과와 내담자의 어떤 소망들이 타임캡슐에 담았는지 한 번 체크해보면 좋을 듯싶다.

(3) 대학생

(4) 성인

(7) 장애인 부모 집단상담

앞의 작품들은 다양한 빈병에 다양한 색으로 한 층씩 자신의 소망을 담아 소원을 표현한 작품들이다.

소망병 과정 진행 중 소금의 유래와 함께 타임캡슐에는 실천 가능한 소망을 꼭 담아보라는 메시지를 전달한다. 사람은 늘 성공하고자 하는 욕구와 행복해지고 싶은 욕구를 가지고 있다. 따라서, 아무리 나쁜 환경이더라도 그 환경 속에서 행복해지기 위해 노력을 하고 희망을 품고 사는 것이 진정한 삶이라고 생각한다. 그리고 살면서 한두 번의 힘듦이 없다면 행복이 무엇인지도 모른 채 살아갈 수도 있다.

소금이 짜지만 우리가 먹는 음식에 맛을 더 낼 수 있는 것처럼 지금 어려운 상황들을 잘 극복하면 더욱더 삶이 풍성해지는 것으로 인지시킬 수 있다.

상담을 진행할 때 내담자와 특강을 듣는 모든 사람들이 소망병에 능동적으로 소망을 이루기 위해 노력하는 행동들을 보인다. 그중 더 노력하는 사람이 의외로 시니어라고 말할 수 있다. 시니어 집단에서 평균 70세 이상 되시는 분들께서 소망병을 표현할 때 적어도 한 사람당 1~3병을 표현하는 것을 볼 수 있었다. 시니어 집단상담 전에 시니어들이 표현하기에는 시간과 노력 그리고 체력이 부족할 거라는 상담자의 선입견이 완전 오류라는 것을 깨달을 수 있는 기회였다.

소망병을 표현하기 위해 시니어들은 자신의 작품에 몰입하는 모습을 보였고 꼭 이루어질 것이라고 표현하는 동안 혼잣말을 계속하는 것을 알 수 있었다. 혼잣말을 자세히 경청하면 자신이 바라는 소망을 계속 반복적으로 하고 계셨다. 스스로 소망을 생각하고 말을 하였으며 행동으로 보이는 모습을 볼 수 있었다.

어떤 시니어는 이웃의 친구들이 한 분씩 돌아가시는 것을 보면서 저승사자가 한 번씩 보여 잠자기가 무섭다는 말씀을 하셨다. 아마도 어제 이야기를 나눈 사람이 아침에 돌아가시는 것을 보시니 외상 후 스트레스도 함께 동반되고 있다는 것을 알 수 있었고, 죽음에 대한 두려움도 많다는 것을 알 수 있었다. 자신들이 본 경험에 따르면 늘 부모님들께서 소금 한 주먹과 정한수를 장독 위 또는 옆에 두고 두 손 모아 빌고 있던 모습이 떠오른다는 말씀들을 하셨다. 그리고 한 번씩 무서움을 느낄 때 소금 한 주먹을 집 주변으로 뿌리는 행위를 한 후 잠을 청하면 조금은 편안하게 잠을 자는데 이렇게 소원을 담아 예쁜 빈병에 담아 현관 입구 잠자리 근처, 화장실에 둔다면 큰일을 피해 갈 거라는 말씀을 하셨다. 그리고 시니어들의 소원은 자식들 건강, 손자들 공부 잘하기, 건강하기 등 대부분 자식들의 걱정과 행복, 죽기 전까지 건강한 것임을 알 수 있었다. 자신들이 아프면 자식들이 힘들어질 거라고 생각을 하고 계셨고, 건강을 유지하기 위해 추운 날씨에도 유모차를 앞세워 동네 한 바퀴씩 돌고 마을 회관에서 담소도 나누고 또 동네 한 바퀴를 돌고 집으로 귀가하신다고 하셨다. 중얼중얼거리는 말씀에는 자식들의 건강과 행복이 최우선이라는 것을 알 수 있었다. 그다음 주 집단상담을 갔을 때 "선생님, 고맙습니다. 제가 가위눌림도 없고 저승사자도 보이지 않아 너무 편하게 잠을 잘 자고 잘 먹으니 건강해진 것처럼 젊어진 것 같습니다"라고 말씀하시며 너무나 행복해하시던 분들이었다.

15. 나만의 파티(NLP, 앵커링 기법)

1) 나만의 파티(NLP, 앵커링 기법)

앵커링 효과란 배가 닻(Anchor)을 내리면 닻과 배를 연결한 밧줄의 범위 내에서만 움직이는 것처럼 사람들도 머릿속에 특정 기준이 세워지면 판단의 범위가 제한되는 효과를 말한다. 심리학자이자 행동경제학의 창시자인 대니얼 카너먼과 심리학자 아모스 트버스키가 실험으로 앵커링 효과를 증명했으며 정박 효과, 닻 내림 효과라고도 한다.

낯가림이 심한 내담자가 사회생활을 하는 데 어려움이나 불편함을 느낄 때 앵커링 효과를 생각하는 것이다. 모르는 사람들이 많은 곳에 갔을 때 가족들과 자신이 편하게 만나는 사람들과 보냈던 시간을 먼저 떠올려 보는 식으로 점차 대인관계의 어려움을 해소할 수 있도록 하는 방법이다.

푸드심리상담에서의 나만의 파티는 앞서 말한 NLP 효과와 앵커링 기법을 접목한 기법이라고 말할 수 있다. 세상에서 가장 소중한 사람이 파티의 주인공이 되는 시간으로 자신을 사랑하는 모든 사람들에게 축하를 받고 소중한 사람, 충만한 사람, 괜찮은 사람이라고 피드백을 받는 상담회기라고 말할 수 있다. 내담자가 주인공, 공주, 왕자, 임금, 여왕이 되어 주목받거나 사랑 받는 느낌을 경험함으로써 힘들거나 외로울 때 나만의 파티 시간을 불러 행복했던 순간을 머물러 긴장을 풀어주고 행복한 시간을 연장하도록 하는 기법이라고 말할 수 있다.

우리는 자신이 행복했던 순간을 기억한다. 그리고 자신이 주목받거나 행복했던 순간들을 즐길 수 있었다면 행복의 시너지 효과가 일어나 더욱 행복할 수 있다는 것을 인지하고 있다. 내담자의 시너지 효과를 극대화하여 행동을 변화시키는 방법, 동기부여, 학습하는 방법을 가르치는 기법이다. 그 방법으로 행복했던 감정을 특정 신체감각에 잡아두는 것이다. 특정한 동작에 행복했던 감정을 연결하고 스트레스 받을 때나 우울, 무기력증, 매너리즘, 자신감이 부족할 때, 불안할 때 등 비관적이거나 불행할 때 자신의 행복했던 동작들을 함으로써 기쁜 감정을 느끼게 하는 심리치료 방법이다.

나만의 파티의 치유적 순서는 다음과 같다.

첫째, 마음을 안정되도록 한다. 둘째, 기분 좋았던 순간을 떠올린다. 셋째, 동작하는 동안 행복한 감정을 충분히 느낀다. 넷째, 기쁜 감정이 멈추면 동작을 멈춘다. 다섯째, 자신만의 행복 동작을 훈련시킨다.

Mind NLP는 심리기술을 응용하여 '나에게 긍정적 언어 명령을 뇌에게 자극시키는 대체의학적 심리치료 기술이다. '나' 스스로의 긍정적 생각을 통하여 긍정적 기술을 습득하고 몸으로 자신을 조종하는 것이다.

이는 곧 긍정적인 언어 명령이 자신의 무의식과 내면에 잠재되어 있는 것(내담자의 내재되어 있는 능력)을 끌어내 계속적인 교육과 수련을 통한 학습으로 훈련한다는 개념이다.

나만의 파티 상담 회기에 대한 내용은 상담 한 주 전부터 미리 안내하는 것이 효과적이다. 나만의 파티를 위해 내담자는 미리 주인공이 되어 손님들에게 하고 싶은 말, 감사인사 등을 미리 준비해 두라고 이야기한다. 보통의 경우 내담자들은 쑥스러워하거나 어떻게 해야 할지 모르겠다는 말을 하지만 막상 나만의 파티 상담을 진행할 때는 대부분 미리 준비하여 오는 것을 알 수 있었다.

그리고 한 주 전 의상, 메이크업, 헤어스타일에 대한 언급도 한다. 내담자들은 입을 옷이 없다거나 창피하다는 말을 하지만 상담 당일 하지 않는 메이크업을 하거나 헤어스타일, 의상 등 준비를 하고 상담을 오는 것을 알 수 있다.

내담자뿐만 아니라 사람은 누구나 사랑 받고 싶어 하고 긍정적인 주목들에 행복해한다는 것을 알 수 있다. 상담을 진행할 때 조금은 쑥스러워하는 모습을 보이지만 3~5분 정도 지나면 정말 주인공으로 변신을 하는 것을 알 수 있으며 상담이 진행되면 될수록 품격 있게 행동과 말을 하는 것을 알 수 있다.

필자는 나만의 파티 상담 회기 때 소품을 조금씩 활용한다. 왕관, 화관, 코사지, 꽃 등으로 파티의 느낌을 한층 더 낼 수 있도록 한다. 물론 내담자들 또한 소품을 조금씩 준비하여 오는 경우도 많다. 상담사는 푸드심리상담 기법으로 상담에 접근할 때 과일과 과자, 캔들 등을 다양한 색으로 준비하는 것이 좋다.

내담자의 입장에서는 충분한 관심과 배려를 받아 충만한 시간이 될 수 있도록 상담사가 미리 준비되어 있어야 한다. 많은 매체들을 준비하는 동안 상담사는 많은 고민을 하게 된다. 경제적인 부분과 준비에 시간적 소요가 많기 때문에 상담사는 불편함을 느끼겠지만 내담자 또한 상담사가 느낀 감정들을 같이 느낀다는 것을 인지해야 한다. 캔들을 사용할 때 안전에 대한 것을 인지시켜야 하는 부분과 향기 치유와 조명 치유도 첨부한다면 더 효과적이다. 캔들을 켜기 전과 켠 상태에서 사진으로 남겨두는 것 또한 효과적인 면이 있다.

유아, 아동들 또한 분위기를 위해 음료를 와인 잔에 부어주면 효과적이다. 나만의 파티 상담 회기 동안은 매체를 준비 할 때 조금은 고급스럽고 품격 있게 준비를 하면 더 효과적이라는 것을 강조하고 싶다.

2) 나만의 파티(NLP, 앵커링 기법) 진행 과정

> **준비물** 과일, 포도주(성인) 또는 음료(성인 외), 생화 또는 조화, 캔들, 도마, 칼, 접시, 화관, 와인 잔 등

① 가장 소중한 사람이 초대되어 그 사람을 위해 파티 준비를 할 것에 대한 안내를 한다.

② 과일과 과자 등 나만의 파티 매체를 보고 어떤 파티로 꾸며지면 좋을지 이미지화 하도록 한다.

③ 주인공인 자신을 위해 친구, 가족들로부터 긍정적인 피드백을 많이 받을 시간을 갖도록 한다.

④ 나만의 파티 표현할 때 내담자 행동적 관찰을 주의 깊게 한다(특히, 매체를 선택할 때).

⑤ 주인공으로 다시 한 번 준비할 시간을 준다(폴라로이드 사진 등으로 추억을 남기도록 한다).

⑥ 주인공이 하고 싶은 말들을 할 수 있도록 한다(손님들이나 긍정적인 피드백을 해 준 사람들에게) 소감도 좋다.

⑦ 앵커링, NLP에 대한 피드백으로 한 번 더 인지하도록 한다.

⑧ 내담자가 작품에 대한 이야기를 할 수 있도록 충분한 피드백을 한다.

⑨ 모든 작업이 끝난 후 청소를 하도록 한다.

나만의 파티 재료

3) 나만의 파티 예시

다음 그림은 상담 중 내담자 작품과 집단치료, 학습클리닉, 다문화, 푸드심리상담사 자격과정 워크숍 중 표현한 작품들이다. 빈칸에 어떤 NLP, 앵커링 효과가 있었는지 한 번 체크해 보면 좋을 듯싶다.

(1) 유아

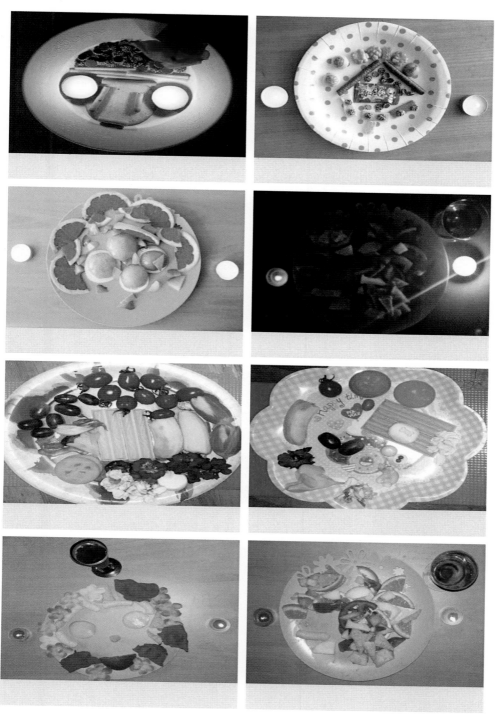

(3) 중학생

(4) 고등학생

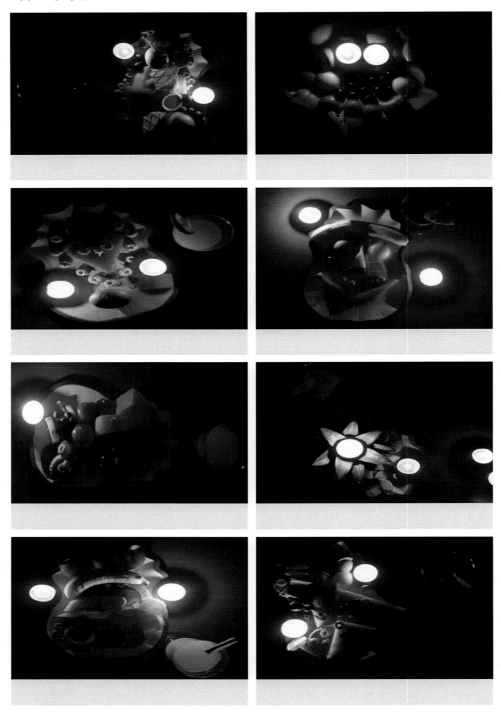

푸드심리상담치료의 이해와 사례

(5) 대학생

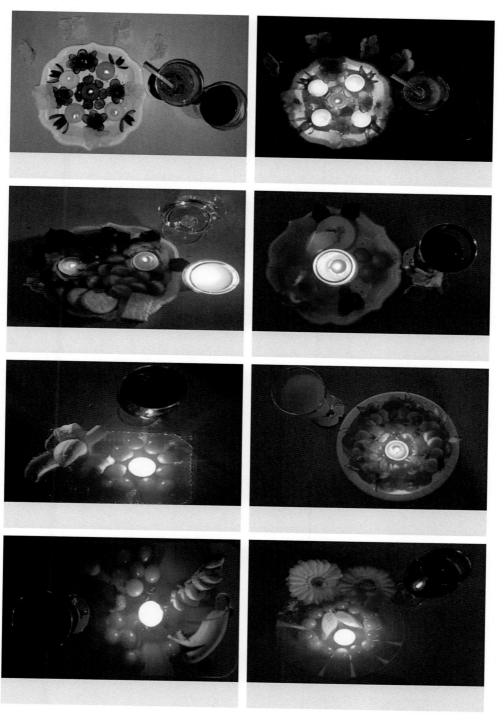

(7) 다문화

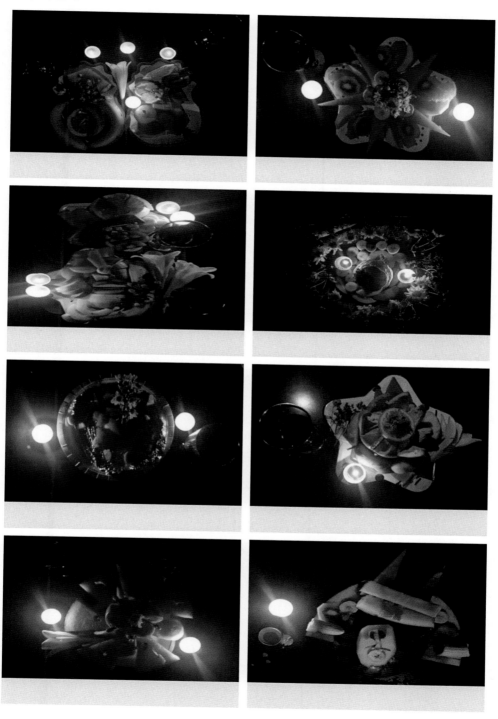

상담의 결과 유아부터 초등학생까지는 나만의 파티에 많이 흥분하고 상담 후 한 달여 동안 나만의 파티에 대한 이야기를 계속 하며 얼굴 표정이 많이 밝아지고 행동의 범위도 넓어지는 것을 알 수 있다. 특히, 목소리의 힘이 생기고 자신감 있는 행동과 적극적인 모습을 볼 수 있다.

청소년들은 상담하는 동안 약간 건방진 모습을 보이는데 피드백을 할 때 한 번쯤 파티를 해 보고 싶었지만 해 본 경험이 없었는데 좋은 경험을 하였다는 말들을 한다.

대학생들은 파티라는 문화를 최대한 즐기기 위해 노력을 하는 모습을 볼 수 있으며 상담회기 때 파티에 사랑하는 애인이 있으면 더 좋았을 것 같다는 내담자도 있으며, 실제 연인들을 초대하는 경우도 흔하다.

특히 주부 여성들에게는 흥미 있는 모습을 많이 볼 수 있는데 대부분 나만의 파티 수업 전 파티를 위해 많은 준비를 철저히 하는 것을 알 수 있었다. 예로 자신이 가장 좋아하는 과일인데 비싸 못 사 먹던 과일을 준비하거나 실생활에서는 아까워 잘 쓰지 않는 컵과 접시를 준비하는 경우가 많았다. 또한, 기념일을 위해 준비한 희귀 캔들을 준비하는 등 많은 소품을 가지고 나만의 파티에 어울리게 자신을 한껏 멋을 내고 상담실을 찾을 때 평소의 내담자의 모습이 아니라 놀랄 때가 많다. 어떤 내담자는 드레스를 준비하거나 평소에 입기 힘든 의상들을 외투 안에 입고 와 상담시간에 외투를 벗으며 오늘을 위해 며칠 전부터 흥분되고 기다렸다는 내담자들도 많았다. 상담 회기 동안 행복하다는 말과 스스로 사진을 찍고 남편이나 친구들에게 사진을 보내 바로 긍정적인 피드백을 받는 모습 또한 알 수 있다.

상담 후 다음 회기에는 자신의 작품 사진과 자신의 사진을 받은 사람들이 자신에게 '부럽다', '아름답다', '사랑스럽다'는 등의 피드백을 받아 너무 좋았다며 이제 조금은 자신을 위해 꾸미기도 하고 자신을 위해 조금의 돈이라도 소비해서 행복해지는 노력들을 할 것이고 앞으로는 자신을 소중한 주인공으로 생각하고 살 거라는 말들을 많이 하였다.

필자 또한 주부이자 부모, 자식, 아내 등의 역할을 하며 많은 관계들 속에 살아가고 있다. 상담을 할 때 스스로를 위해 시간과 돈을 쓰도록 안내를 하지만 잘되지 않을 경우도 종종 있다. 내담자들을 위해 상담 준비하는 동안 망각하지 않기 위해 다짐을 많이 하는 회기이며 나 스스로 챙겨주기 위해 노력하고 행동으로 옮긴다.

필자는 나만의 파티 상담 회기에 시간과 비용을 많이 지불한다. 상담사라는 직업을 가지고 살면서 우리는 내담자들을 위해 준비하지만 내담자들에게 많은 것을 피드백 받거나 나를 돌아보는 계기를 얻기도 한다. 특히 나만의 파티는 내담자와 상담사 사이에 서로 윈윈하는 회기라고 말하고 싶다.

　　푸드심리상담이란 삶의 기본이라고 말할 수 있다. 사람이 살면서 음식을 섭취하지 않으면 곤란한 점들이 생긴다. 사람이 음식이라는 매체를 먹으며 행복감, 생명의 연장, 추억소환 등으로 연결되는 것처럼 1차 욕구부터 충족하는 푸드심리상담은 하위욕구에서 상위욕구까지 충족되는 심리적 기법이라고 말하고 싶다.

　　보통의 경우 푸드심리상담을 조리만 하는 수업으로 오해를 하지만 조리를 할 수도 있고 표현만으로도 심리치료가 가능하다는 것을 잘 설명하는 것도 중요하리라 생각한다.

　　또한, 푸드심리상담은 표현을 통해 생활 치유가 가능하며 스스로 탐색하고 인지할 수 있다. 그리고 자신의 불편한 상황들을 잘 극복할 수 있도록 쉽게 접근 가능하며 만족도 또한 매우 높다.

　　몇 년 전부터 개인, 집단상담, 학교, 기업체, 공공기관 등에서 푸드심리상담 요청이 매우 빈번하게 일어나고 있다. 그 이유는 푸드심리상담은 어렵지 않고, 쉽게 접근이 가능하고, 치유의 효과가 매우 크기 때문이다.

　　앞으로 점점 더 많은 기관에서 푸드심리상담사를 선호하고 초빙하게 될 것이다. 푸드심리상담에 대해 조금 더 능동적으로 공부를 하면 좋겠고 다양한 임상을 경험한다면 상담에 훨씬 효과적이라고 생각이 든다.

　　지금까지 필자가 만난 내담자들 중 푸드심리상담을 거부하거나 회피하는 내담자가 단 한 명도 없었다는 것을 한 번 더 언급하며 마무리하고자 한다.

2020년 8월

최선희

1. 서적

- APA 저, 권준수 역, 『DSM-5 정신질환의 진단 및 통계 편람』, 학지사, 2015

- 김대현 저, 『틱이어도 괜찮아!』, 팜파스, 2015

- 김선현 저, 『몸과 마음을 치유하는 컬러 색채심리학』, 아담, 2013

- 김성한·강선보 공저, 『교육학개론』, 박영사, 1999

- 김승국 저, 『장애 학생의 통합교육』, 교육과학사, 1994

- 김정규 저, 『게슈탈트 심리치료』, 학지사, 2008

- 김진숙·김창대 공저, 이지연·윤숙경 공역, 『심리치료에서 대상관계와 자아기능』, 학지사, 2008

- 리슬 실버스톤 저, 주리애·이재현 공역, 『인간중심미술치료』, 학지사, 2009

- 마이클 스피글러 저, 전윤식·강영심·황순영 공역, 『행동치료』, 시그마프레스, 2009

- 머레이 보웬 외 공저, 남순현·전영주·황영훈 공역, 『보웬의 가족치료이론』, 학지사, 2005

- 서수균·김윤희 공역, 『합리적 정서행동치료』, 학지사, 2007

- 스에나 타미오 저, 박필임 역, 『마음을 치유하는 컬러 테라피』, 예경, 2011

- 신민섭 외 저, 『웩슬러 지능검사를 통한 아동정신병리의 진단평가』, 학지사, 2012

- 신현균·김진숙 저, 『주의력결핍 및 과잉행동장애』, 학지사, 2000

- 엄예선 저, 『한국가족치료개발론』, 홍익재, 1994

- 에릭 번 저, 우재현·김홍용 공역, 『심리적 게임』, 정암서원, 2008

- 에릭 번 저, 우재현·송희자 공역, 『각본분석』, 정암서원, 2008

- 에릭 에릭슨·조엔 에릭슨 공저, 송제훈 역, 『인생의 아홉 단계』, 교양인, 2019

- 윌리엄 크레인 저, 송길연·유봉선 공역, 『발달이론』, 시그마프레스, 2005

- 윌리엄 글래서 저, 김인자·우애령 공역, 『선택이론』, 한국심리상담연구소, 1998.

- 이명숙 저, 『청소년 문제와 보호』, 교육과학사, 2013

- 이부영 저, 『분석심리학』, 일조각, 2011

- 임용자 저, 『표현예술치료의 이론과 실제』, 문음사, 2005

- 제럴드 코리 저, 조현춘·조현재 공역, 『심리상담과 치료의 이론과 실제』, 시그마프레스, 2006

- 제석봉·최외선·김갑숙·윤대영 공역, 『현대의 교류분석』, 학지사, 2011

- 최인수, 『몰입, 미치도록 행복한 나를 만나다』, 한울림, 2018

- 최정윤, 『심리검사의 이해』, 시그마프레스, 2013

- 칼 로저스 저, 한승호·한성역 공역, 『칼 로저스의 카운슬링의 이론과 실제』, 학지사, 2007

- 크리스틴 리스터포드 저, 한국교류분석협회 역, 『기법을 중심으로 한 TA상담과 심리치료』, 시그마프레스, 2008

- 토머스 스위니 저, 노안영 외 공역, 『아들러 상담이론과 실제』, 학지사, 2005

- 홍강의 저, 『소아정신의학』, 중앙문화사, 2012

- 홍강의·신민섭·조성준 공저, 『ADS: 주의력 장애 진단 시스템』, 한국정보공학, 1999

2. 논문

- 강위영·공마리아, 「주의력결핍아동의 교육프로그램: 부모 및 특수교사 지도서」, 대구대학교출판부, 1998

- 강주현, 「틱장애 청소년의 치유를 위한 미술치료프로그램 개발연구: 심리치료의 통합적 접근을 기반으로」, 중앙대학교교육대학원 석사학위논문, 2012

- 권순재·이진영·신재필, 「뚜렛 증후군을 가진 15세 소아에서 발생한 양측성 망막박리」, 《대한안과학지》 제53권 제11호 통권 제382호, 2012

- 서완석, 「악성뚜렛 증후군의 치료대안」, 《생물치료정신의학》 제18권 제2호 통권 제36호, 대한생물치료정신의학회, 2012

- 임원석, 「소아 청소년 뚜렛장애에서 반복적 경두개 자기자극 치료효과」, 연세대학교대학원 석사학위논문, 2010

- 임자성, 「주의력결핍과잉행동장애(ADHD)아동의 정서지능 향상 프로그램의 효과: 정서적 양육기술 부모교육 병합치료 효과를 중심으로」, 성신여자대학교대학원 박사학위논문, 2011

- 제현선, 「ADHD 아동의 화용론적 의사소통 특성」 대구대학교대학원 박사학위논문, 2014

- 최선희, 「뚜렛장애 청소년의 푸드심리상담 효과: 사례연구」, 창원대학교대학원 교육학과 박사학위논문, 2015